KB196812

금수저 회귀 없이도 가능한

1억 모으기

양희재(문돌이) 저

금수저 회귀 없이도 가능한 1억 모으기

1판 1쇄 발행 2023년 3월 20일
개정판 1쇄 발행 2024년 11월 14일

지은이 양희재(문돌이)
펴낸이 양희재
펴낸곳 부자의서재
출판등록 제 393-2022-000024 호(2022년 7월 11일)
이메일 therichlib123@gmail.com
ISBN 979-11-93564-80-6(13320)

금수저 회귀 없이도 가능한

1억 모으기

양희재(문돌이) 저

개정판 프롤로그 입사하고 나니 퇴사하고 싶어졌다_11

프롤로그 월급 모아서 언제 부자 되나_14

PART 01 내 월급은 도대체 어디로 갔을까?

얼마를 모으면 독립할 수 있을까요?_20

혹시 여러분은 취미 부자인가요?_24

SNS 속 화려한 소비의 삶에서 벗어나자_28

욜로(YOLO) 다음은 요노(YONO)?_33

배달 음식 + 다이어트 소비 = 텅장_36

벌써 대출이 있는 건 아니겠지요?_40

명품 가방 들고 버스 타기 OR 월급 200만 원으로 수입차 타기_45

커피, 디저트 가격을 우습게 보고 있지는 않나요?_48

혹시 당신은 택시 마니아?_51

퇴사하고 세계여행을 꿈꾸고 있나요?_56

PART 02 재테크 초보자를 위한 기본기 쌓기

예금? 적금? 어떤 상품에 가입하나요?_62

단리, 복리 차이는 무엇이고 금리 계산은 어떻게 하죠?_67

예·적금도 세금을 내야 한다니요?_71

이자 많이 주는 예·적금 상품 찾는 방법_75

파킹 통장이 도대체 무엇인가요?_82

예금자보호제도란 무엇인가요?_85

청약통장을 꼭 만들어야 하나요?_89

펀드와 ETF의 차이점은 무엇이죠?_96

IRP, ISA는 무엇인가요?_104

대출은 무조건 나쁜 거 아닌가요?_110

대출 상품의 종류는 무엇이 있나요?_113

보험에 꼭 가입해야 하나요?_119

보험 다이어트 들어보셨나요?_126

국민연금, 건강보험 가입은 필수인가요?_132

PART 03 소확행이란 이름의 자기합리화는 그만!

돈 벌어서 다 쓸 거면 왜 그렇게 열심히 일을 하나요?_138

무지출 챌린지는 궁상맞지 않은 선에서 하자_142

티끌 모아 큰 티끌을 만드는 앱테크_147

혹시 커피를 제 돈 주고 마시는 건 아니죠?_150

더 이상 나에게 할부란 없다_157

소비 조절이 어렵다면 신용카드를 없애라_161

나도 모르게 숨어있던 돈과 포인트를 찾아보자_164

OTT는 몇 개 구독하고 있나요?_174

고정비용을 줄여주는 K-패스, 알뜰폰_177

갓생러에게는 절약과 돈 모으기도 필수_183

PART 04 1억 모으기도 1,000만 원부터

특판 예·적금 정보는 어디에서 확인할까요?_188

작고 소중한 월급의 몇 %를 저축하면 좋을까요?_192

가계부 쓰기가 귀찮은데요_197

예·적금으로 어느 세월에 부자가 되나…주식, 코인하면 안

되나요?_200

일단 적금으로 1,000만 원 모으기_205

1,000만 원에서 3,000만 원 만들기_209

3,000만 원에서 5,000만 원 만들기_213

스노우볼 효과로 1억 원 만들기_216

1억 모으기 위기의 순간들_220

사회 초년생이 챙겨야 할 연말정산 Tip_224

오늘 당장 현금흐름이 생기는 공모주 투자 따라하기_228

PART 05 내 집 마련을 위한 포석

독립해서 살 집을 찾아야 한다면?_238

가족에게 거주비 지원을 받을 수 있다면?_245

은행에서 전월세 대출을 받고 싶다면_248

전세자금대출을 저렴하게 받는 방법_250

주택담보대출을 저렴하게 받는 방법_257

월세 지원, 전세 이자 지원 등 정부 지원 사업을 놓치지

말자_262

에필로그 1억 모으기 성공 후 나에게 맞는 재테크 전략

찾기_266

입사하고 나니 퇴사하고 싶어졌다

대학 졸업하는 그 순간까지 딱히 하고 싶은 일이 없었어요. 당시 어른들은 대학에 들어가면 꿈도 생기고 진로도 명확해질 테니 일단 공부나 하라는 이야기를 하셨지요. 딱히 화가 나지도 않았습니다. '그럼 그렇지' 정도의 자조 섞인 생각만 들었지요.

하고 싶은 일은 없어도 밥벌이는 해야 하니 적당히 하기 싫은 직무를 빼고 지원했어요. 운 좋게 높은 경쟁률을 뚫고 입사한 회사는 잠깐 즐거웠습니다. 신입사원 교육을 들으면서 월급도 받았거든요. 교육이 끝나고 부서에 배치된 후에는 점점 퇴사 생각이 머릿속을 채웠습니다.

1억 모으는 책 시작부터 왜 갑자기 입사와 퇴사 이야기를 할까요? 여러분은 직장인, 프리랜서 또는 자영업자로서 더 이상 일하고 싶지 않을 때 어떤 고민을 했나요? '나중 일은 모르겠고 일단 그만두고 여행이라도 다녀오자'는 생각을 하신 분도 있고 '당장은 대책이 없으니 번 돈을 쓰면서 스트레스라도 풀자'는 분도 있을 겁니다.

퇴사 후 여행하며 진정으로 가슴이 뛰는 일을 찾는다면 다행입니다. 하지만 여행을 다녀온 후 남은 건 비어 있는 통장 잔고뿐일 수도 있습니다. 다시 일을 하려 해도 퇴사 전적이나 업무 공백기가 있다는 이유로 회사가 나를 뽑아주지 않을 수도 있고요.

업무 스트레스를 풀기 위해 번 돈을 모두 사용하는 습관은 앞뒤 순서가 맞지 않아요. 정말 뼈 빠지게 일해서 번 돈을 다 써버리면 남는 건 '앞으로도 평생 일만 해야 하는 나 자신'뿐이지요. 그것도 평생 일을 할 수 있다는 보장도 없고요.

"당장 하고 싶은 일이 없다면, 하기 싫은 일을 안 해도 되는 상황부터 만들어보자"는 게 제 고민의 결론이었습니다. 무작정 퇴사 후 가진 돈을 다 쓴 뒤에 답이 없는 상황은 원하지 않았어요. 돈을 다 쓰고 예전보다 열악한 환경에서 일하는 것도 싫었습니다. 내가 하고 싶은 일이 생길 때까지 버틸 돈을 모으자는 결심이 섰습니다.

인간으로서 존엄성을 지킬 최소한의 지출 금액을 정하고 테스트해봤어요. 주거는 부모님 집에서 해결한다는 불효를 감안하고 월 50만 원이면 충분했습니다. 부족한 금액이지만 일단 퇴사 후에도 하고 싶은 일을 찾을 때까지 시간을 벌 수 있다고 생각하면 참을 수 있었습니다. 필요한 생활비가 월 50만 원이니 1년이면 600만 원입니다.

1억 모으기 목표가 탄생한 순간입니다. 1억 원으로 연 6% 수익을 내면 1년 치 생활비인 600만 원이 생깁니다. 원금이 줄어들지 않아야 안정감 유지가 가능하다고 판단했습니다. 원금손실이 없는 특판 예·적금이나 거의 없는 안전한 상품에 돈을 넣어서 연 3~4% 수익만 나더라도 1억 원이 소진되는 속도를 늦출수 있습니다. 인플레이션은 일단 후순위로 두었어요. 모든 변수를 고려하다 보면 필요한 금액은 무한정 늘어나고 그 전에 지쳐 쓰러질 가능성이 큽니다. 평생 놀고먹겠다는 이야기가 아니라 하고 싶은 일로 돈을 벌 때까지 버티는 개념이기도 하고요. 인플레이션을 고려해도 여전히 1억 원은 꽹장히 큰돈입니다. 화폐가치 하락이 걱정되면 투자를 병행하세요.

무조건 퇴사를 목표로 하라는 건 아닙니다. 개인마다 추구하는 가치가 다르니까요. 힘들게 들어간 회사를 나올 결심하는 것도 대단하지만, 회사에서 오랫동안 살아남는 것 또한 가치가 있습니다. 일해서 번 월 300만 원은 정기예금에 넣어둔 10억 원의 이자와 비슷합니다. 물론 노동소득 300만 원과 불로소득 300만 원을 단순히 비교하긴 어렵지만요. 내 계좌에 돈이 채워질수록 일도 잘할 가능성이 높습니다. 월급이 들어오지 않으면 당장 문제가 생기는 사람은 회사의 부당하거나 무리한 요구에 당당히 No를 외치기 어렵습니다. 프리랜서도 마찬가지입니다. 당장의 생활비 때문에 형편없는 단가에 무리한 수정 요구를 받지 않기 위해선 심리적 여유를 갖기 위한 목돈이 필요합니다.

기억하세요. 세상에 돈이 전부는 아니지만, 목돈을 모으면 하기 싫은 일을 덜 하면서 살 수 있는 최소한의 자유가 생깁니다.

월급 모아서 언제 부자 되나

태어나서 처음으로 계좌에 목돈 1억이 찍힌 그날을 잊을 수가 없어요. 계좌 잔액 숫자가 8자리에서 9자리로 바뀌는 순간이었습니다. 처음으로 목돈 1,000만 원을 모았을 때는, 나도 돈을 모을 수 있다는 자신감이 생겼어요. 누구나 꿈꾸는 부자가 되기에는 미미한 시작이었어요. 경제적 자유를 누리기에 턱없이 부족한 돈이지요. 하지만 대단한 투자 고수가 아니어도 종잣돈은 모을 수 있다는 걸 알게 되었습니다.

목돈 1억을 모은다고 갑자기 세상이 바뀌지는 않습니다. 하지만 생각한 것 이상의 안정감을 느끼게 되었어요. 돈이 모이는 속도도 점점 더 빨라졌고요. 목돈을 바탕으로 아파트 청약에 도전했고 결국 내 집 마련에도 성공했습니다. 주변 시세보다 워낙 저렴한 분양가라서 주택 가격 하락 시기에도 걱정이 없어요. 목돈이 있기 때문에 대출도 충분히 감당할 수 있습니다. 결과적으로는 몇 년 뒤 미래에 세상이 바뀐 셈이네요. 여러분은 한 달에 정확히 얼마를 벌고 있고, 소비하는 금액이 어느 정도인지 알고 있나요? 한 달에 카드값으로 얼마를 지출하고 있나요? 취업을 하고 몇 년이나 일했는데 수중에 가진 돈이 없어서 매달 월급날을 기다리는 생활을 하고 있다면 지금이 기회입니다.

목돈 1억 모으기를 강요하는 건 아니에요. 세상을 사는 방식은 다양하고 여러 선택지가 있으니까요. 불투명한 미래보다는 눈앞의 현실을 중요하게 생각할 수도 있고요. 소득의 대부분을 지출하면서도 불안하지 않고 행복하다면 그렇게 살면 됩니다. 리스크가 큰 상품에 투자해서 빠르게 돈을 벌어 은퇴하겠다는 라이프스타일도 존중해요. 실제로 짧은 기간에 큰 수익을 내고 은퇴하는 파이어족도 있으니까요. 대신 큰 수익을 기대하는 건 큰 손실이 발생할 수도 있다는 점도 고려해야겠지요.

목돈을 모으겠다는 결심을 한 지금이 가장 의욕이 불타는 시기에요. 절약과 저축만으로 부자가 될 수는 없지만 목돈은 모을 수 있습니다. 사회초년생이라 월급이 200만 원이라도 한 달에 100만 원을 저축한다면 10개월 후에는 1,000만 원이 돼요.

앞으로도 평생 투자를 하지 말라는 것도 아닙니다. 투자 공부 없이 소액으로 주식이나 가상화폐에 투자해본 적 있으신가요? 소액으로 투자를 했더니 내가 고른 종목이 막 오르는 경험을 할 수도 있어요. 말로만 듣던 초심자의 행운이 찾아온 건데요. 자신감이 생겨서 대출까지 받아 투자하다가 결국은 큰 손해를 보고 뒤늦은 후회를 하게 됩니다.

당연한 이야기지만 투자금이 많을수록 더 큰 수익을 낼 수 있는데요. 100만 원으로 산 주식이 폭등해서 2배가 되면 100만 원의 수익이 생깁니다. 하지만 단기간에 100% 수익을 내는 건 몹시 어려운 일이에요. 미래의 일을 알고 있는 상태로 회귀하지 않는 이상 매번 수익을 낼 수는 없습니다. 리스크가 큰 투자를 한 만큼 50%의 손실이 발생할 수도 있습니다. 워런 버핏의 연평균 수익률이 약 20%인데요. 워런 버핏보다 꾸준하게 수익을 낼 수 있다고 착각하면 안 됩니다. 반면 목돈 1,000만 원으로는 덜 위험한 상품에 투자해서 10%의 수익만 발생해도 100만 원의 수익을 올릴 수 있어요. 연 10% 수익도 쉬운 목표는 아니지만요.

이 책은 다섯 파트로 구성되어 있어요. PART 01 내 월급은 도대체 어디로 갔을까?에서는 자신의 소비 습관을 체크해볼 수 있습니다. 지출을 관리하는 게 가장 우선이에요. PART 02 재테크 초보자를 위한 기본기 쌓기에서는 기본적인 재테크 상식에 대한 정보를 담았습니다. 개괄적인 내용으로 최대한 쉽게 설명하려고 노력했어요. PART 03 소확행이란 이름의 자기합리화는 그만!은 목돈 모으기에 필요한 마인드셋과 실천에 대한 내용을 담았습니다. PART 04 1억 모으기도 1,000만 원부터는 실제 예·적금 상품을 어떻게 운용해야 하는지 등 목표 금액별로 제가 돈을 모았던 노하우를 담았습니다. 마지막 PART 05 내 집 마련을 위한 포석은 주거비를 절약해서 저축률을 늘리는 데 도움이 되는 내용과 실제로 활용할 수 있는 유용한 상품에 대한 정보를 추가했어요.

청년 세대가 느끼는 좌절감과 무기력감을 표현한 단어가 있습니다. 이생망(이번 생(生)은 망했다)인데요. 금수저로 회귀할 수는 없지만, 지금보다 조금이라도 더 나은 환경을 만드는 건 충분히 가능해요. 이 책을 통해 목돈 1억 모으기 목표를 달성하고, 장기적으로는 경제적 자유를 얻어 내 시간을 온전히 나를 위해 사용하는 삶을 살게 되길 응원합니다.

PART 01

내 월급은
도대체
어디로
갔을까?

얼마를 모으면
독립할 수 있을까요?

성인이 되면 한 번씩은 독립을 꿈꿉니다. 집에서 대학 또는 회사까지 거리가 멀수록 독립에 대한 열망이 커지는데요. 부모님의 지원을 받지 않는 이상 따로 돈을 모으기 전까지는 현실적으로 어려운 게 홀로서기입니다. 집에서 대학교까지 편도 1시간 30분, 왕복 3시간을 통학한 과거가 떠오르네요. 시험 기간에 학교 도서관에서 밤 늦게까지 공부하다가 집에 가서 잠만 자고 다시 학교로 돌아오는 게 귀찮다는 생각을 많이 했습니다. 자취하는 대학 동기의 방에서 신세를 지기도 했고, 과방 소파에서 쭈그리고 잠을 청했던 적도 있었지요.

힘들게 통학하면서도 자취할 생각을 하지 못한 건 경제적인 이유였습니다. 더 직접적으로 말하면 돈이 없었지요. 매달 내야 하는 월세와 관리비도 부담이고, 500만 원 또는 1,000만 원의 보증금이 없었습니다. 졸업할 때까지 주 3일 또는 4일만 대학교에 가는 시간표를 짜는 것으로 타협했지요.

제대로 된 첫 독립은 두 번째 회사에 입사한 뒤입니다. 첫 번째 회사는 무려 출근 버스가 있었거든요. 이상하게도 출근 버스는 회사에 7시 35분경에 도착했습니다. 제 출근 시간은 8시 30분까지였거든요. 또 이상한 점은 퇴근 버스가 없었습니다. 정시에 퇴근한 기억이 별로 없어서 퇴근 버스가 의미는 없었지요. 두 번째 회사는 본가에서 왕복 3시간 30분 이상이 걸렸습니다. 과도한 출퇴근 시간으로 피로가 누적되어 결국 독립을 선택했습니다.

누구나 좋은 시설을 갖추고 깨끗하며 안전한 장소에서 살기를 원합니다. 모든 조건을 갖춘 집은 방 한 칸이라 해도 비쌉니다. 서울에서 방 한 칸 월세를 찾으려면 월 50만 원~100만 원까지도 고려해야 합니다. 원룸이 아니라 오피스텔이거나 서울에서도 비싼 동네로 가면 월 100만 원을 초과합니다. 관리비도 점점 올라가는 추세입니다. 월세를 올리지 않고 관리비를 올리는 꼼수도 있지요. 월세는 50만 원인데 관리비가 월 29만 원인 매물이 예시가 되겠습니다.

통계청에서 발표한 '2023 통계로 보는 1인가구' 자료에 따르면, 2022년 1인 가구의 월평균 소비지출은 155만 1,000원입니다. 독립하면 단순하게 주거비만 드는 게 아닙니다. 음식, 식료품, 주거, 관리비, 교통, 기타 등 부모님과 함께 살 때는 미처 몰랐던 소비 항목들이 계속 생깁니다. 식비가 가장 큰 문제입니다. 고물가 시대에 외식을 자주 하는 경우 금방 생활비가 부족해지고요. 관리비에 TV/인터넷이 포함되어 있지 않다면 별도로 가입해야 합니다. 치약, 칫솔, 샴푸, 휴지 등 생필품도 주기적으로 채워줘야 하지요. 정리하면, 독립하기 위해 필요한 항목은 다음과 같습니다.

월세 또는 전세대출이자

관리비, 공과금, TV/인터넷

식비, 생활용품, OTT, 문화비, 경조사 등

독립하기 위해 필요한 항목은 독립을 위해 기본적으로 전월세 보증금이 필요합니다. 전세보증금은 전세대출을 활용할 수 있지만 100% 대출이 아닌 이상 나머지 목돈은 준비가 되어야 하지요. 전세보증금이 1억 원이고, 전세대출이 80%까지 나오는 경우 내 돈 2,000만 원이 필요합니다. 오피스텔이나 다가구주택은 전세사기에 휘말리지 않도록 조심 또 조심해야 하고요. 월세도 500만 원, 1,000만 원 혹은 그 이상의 보증금이 필요한

경우도 많습니다.

보증금이 준비되었다고 모든 게 해결된 건 아닙니다. 매달 내야 할 월세 또는 전세대출 이자를 감당할 소득이 있어야 하지요. 정기적인 소득이 없다면 적어도 6개월 이상 생존이 가능한 비상금도 준비해야 합니다. 월세를 2회 이상 연체 시 임대인이 계약을 해지할 수도 있기 때문입니다. 보증금이 아직 넉넉하니 밀린 월세만큼 차감하면 되지 않느냐고 생각할 수 있는데요. 그렇지 않습니다. 월세가 밀렸다고 보증금으로 처리해줘야 할 의무는 없거든요.

단순하게 통계청 발표 자료를 기준으로 1인 가구 독립에 필요한 비상금을 계산하면, 월 155만 1,000원이고 6개월 약 930만원의 돈이 필요합니다. 현재는 물가도 계속 오르고 전월세 가격도 더 오른 상태이기 때문에 약 1,000만 원의 비상금을 고려해야 합니다. 매월 안정적이고 정기적인 수입이 있는 경우에는 비상금이 조금 적어도 괜찮습니다.

나만의 공간을 구해서 깔끔하고 예쁘게 집을 꾸미고 여유롭게 살고 싶은 로망을 실현하려면 안타깝게도 돈이 필요합니다. 여러분은 독립을 위한 준비가 얼마나 되어 있으신가요?

혹시 여러분은
취미 부자인가요?

험난한 사회에서 살아남으려면 스트레스 관리는 필수인데요. 우리는 스트레스 해소를 위해 취미생활을 즐기지요. 취미의 종류는 워낙 많아서 전부 나열하기도 어렵습니다. 사진, 독서, 미술, 악기, 전시, 공연, 운동, 낚시, 캠핑, 여행, 공예, 제과제빵, 커피, 와인, 다도, 요리, 외국어, 코딩, 수집 등 수많은 취미가 있어요. 개인 성향에 따라 동적인 취미를 선택하기도 하고, 움직임이 적은 정적인 취미를 선호하기도 하지요.

여러 취미를 동시에 즐기는 사람을 '취미 부자'라고 하는데요. 회사에 출근해서 업무 시간에 열심히 일하고 퇴근해서는 요일별로 다른 취미를 즐기는 게 대표적이에요. 평일 퇴근 후에는 독서 모임, 필라테스, 커피 클래스에 참여해서 취미를 즐기고 주말에는 캠핑, 전시나 공연을 보러 다니는 삶이죠. 평일 출근 전에 헬스장에서 운동하거나 외국어 학원에서 공부하는 직장인도 많습니다.

사실 두 번째 케이스는 제 이야기인데요. 오전 7시 30분까지 헬스장에 가서 운동하고 출근하는 생활을 오래 했어요. 오전에 영어 회화 학원에 다니기도 했는데요. 직장인 스케줄을 고려해서 오전 7시 50분에 수업을 시작해서 8시 50분경 끝나는 과정이었습니다. 새벽에 일어나서 운동하고 학원 갔다가 출근해보자는 계획을 세워봤는데요. 일주일 동안 해보니 미라클 모닝이 아니라 미라클 골병이 들겠다 싶어 포기했던 기억이 납니다. 결국 출근 전에는 학원에 가고 회사 점심시간에 운동하는 걸로 타협했어요.

제 취미는 돈이 많이 드는 편은 아니었습니다. 학원비의 일부는 회사에서 지원받았고요. 헬스장은 1년에 36만 원 정도로 한 번에 결제했습니다. PT는 따로 받지 않았어요. 아무튼 취미 생활에는 비용이 들기 마련인데요. 굉장히 돈이 많이 드는 취미 역시 존재합니다.

배우는 그 자체가 비싼 경우도 있고 장비를 마련하는 데 큰돈이 필요하기도 해요. 골프를 주제로 하는 TV 프로그램이 많아졌고 예쁜 운동복도 인기에 한몫했어요. 각종 골프 패션, 테니스 스커트를 잘 갖춰 입으면 SNS용 사진을 찍기에도 훌륭하지요. 골프채나 테니스 장비를 구매하는 비용도 상당하고, 배우기 위한 레슨비도 비싸기 때문에 귀족 스포츠라고 부르기도 합니다. 캠핑도 욕심을 부리면 장비가 계속 늘어나는 취미 중 하나이죠. 차가 없어 뚜벅이로 살고 있는 저에겐 시작부터 난관인 취미입니다. 너무 먼 곳의 캠핑장을 선택하면 짐을 들고 이동하기가 힘들고, 살고 있는 곳 근처에는 마땅한 캠핑장이 없습니다.

왜 취미 부자로 살고 있나요?

취미 여러 개를 동시에 즐기기 위해 매월 수십만 원의 돈을 쓰는 건 소득이 정말 높지 않은 이상 부담스러운 일입니다. 그렇다고 취미 부자를 나쁘게 생각하지는 않아요. 중요한 건 취미 부자로 사는 목적입니다. 많은 취미를 가지고 여가 시간까지 바쁘게 지내면서 자기 자신이 더 성장하고 풍요로운 삶을 살 수 있는 원동력이 된다면 괜찮습니다. 하지만 '열심히 살지 않으면 안 될 것 같아서' 혹은 '나만 뒤처지는 것 같아서' 등의 이유로 무언가 계속 할 일을 찾고 있다면 조절이 필요합니다. 불안정한 감정을 잠시 잊기 위해 자신에게 더 고통을 주고 있는지 고민을 해봐야 해요. 심지어 잠시 고통을 잊기 위해 소중한 월급을 과도한 취미에 사용하면 저축하지 못하게 되고요.

"
취미 부자도 좋지만,
목적이 분명한지 고려해보세요.
"

계속 일은 하는 데 돈이 모이지 않는 생활을 지속하면 그 불안
감은 더 커집니다. 분명 일을 하고 월급을 받았음에도 항상 돈
이 없다고 느낀다면 지금 하는 취미를 한 번씩 점검해볼 필요가
있습니다. 여러분의 취미는 어떤가요?

SNS 속 화려한
소비의 삶에서 벗어나자

SNS 세상 속에서 보내는 시간을 줄이고 있습니다. 트위터와 페이스북은 아예 하지 않고요. 블로그와 인스타그램은 책 홍보 목적으로 운영하고 있어요. SNS 앱을 켜면 시간이 순식간에 흘러갑니다. '신선놀음에 도끼자루 썩는 줄 모른다'는 말이 딱 어울려요. 음식에 대해 한참 검색하다 보면 알고리즘이 내 관심사를 분석해서 각종 맛집과 카페를 추천해주지요. 요즘 유행하는 패션을 찾다 보면 화려하고 비싼 명품을 입고 행복한 표정을 짓는 사람들의 모습이 보입니다. 왜 우리는 남들이 슥-하고 넘길 0.1초의 인증샷을 위해 수십만 원을 써야 할까요?

소비의 늪

보는 것만으로 만족이 된다면 다행이지만 SNS 알고리즘은 우리가 소비의 늪에 빠지도록 만들어요. 최신 트렌드를 따라가기 위해 카드를 긁다 보면 어느새 통장 잔고가 부족해집니다. 소중한 월급을 다 썼음에도 만족스럽지 않아요. SNS를 보면 나를 제외한 다른 사람들은 다 돈이 많은 것 같고 행복해 보입니다. 남과 비교하기 시작하면 정말 끝이 없어요. 월급 안에서 소비하면 그나마 다행입니다. 처음에는 일시불로 결제를 하다가 돈이 부족해지면 할부를 이용하기 시작합니다. 할부금을 감당하기 어려워지면 대출 상품을 찾게 돼요. 나만 뒤처질 수 없다는 생각에 이성적인 판단을 하기 어려워집니다. 비싼 물건을 구매하고 집에서 자랑하기에는 무언가 부족함이 느껴지는데요. 그렇다면 이제 여행을 떠나야 합니다. 국내 여행은 성에 차지 않아요. 비싼 해외 항공권을 결제하고 내가 산 명품에 걸맞은 고급 호텔을 예약합니다. 호텔 수영장을 이용하기 위해 수영복을 구매하고 저녁에는 분위기 좋은 바에서 하루를 마감하는 사진을 찍어야 해요. SNS를 줄이지 않으면 이런 소비의 늪에서 빠져나오기 어렵습니다.

욜로와 가짜의 삶

SNS 세계에서 오랜 시간을 보낼수록 욜로(You Only Live

Once)의 삶을 살 가능성이 커집니다. 한 번 사는 인생에서 현재의 행복을 추구하며 소비하는 삶을 나쁘다고 생각하지는 않아요. 미래에 대한 걱정이 있는 저는 선택하지 않겠지만요. 하지만 화려한 소비의 늪에 빠진 강제 욜로족은 행복하지 않습니다. 다른 사람과 계속 비교하는 삶을 살고 있으니까요.

일반 직장인이 언제까지 명품을 구매하고 1년에 몇 번씩 해외여행을 떠나 고급 호텔에서 묵는 생활을 할 수 있을까요? 월급으로는 부족해서 예금이나 적금을 깨고 할부로 결제하고 대출받고 카드론으로 돌려막는 생활에는 한계가 있습니다.

> "
> 대출로 연명하는 생활에는
> 한계가 있습니다.
> "

다소 극단적이지만 SNS 세상을 현실과 착각하는 가짜의 삶을 살게 될지도 모릅니다. 더 이상 명품 가방을 살 돈이 없으니 대여해서 사진을 찍습니다. 마치 새 가방을 구매한 것처럼요. 고급 자동차를 살 돈은 없으니 렌트를 해서, 마치 성공한 사람처럼 보이는 허세 샷을 찍습니다. 운전대에 새겨진 고급 자동차 브랜드와 대여한 명품 시계가 살짝 나오도록 사진을 찍는 거죠. 연봉도 속이고 통장 계좌도 속입니다. 좋은 집에 사는 모습을 연출하기 위해 에어비앤비에서 고급 주택을 찾아 사진을 찍습니다. 허영에 빠진 생활의 끝은 비참할 수밖에 없습니다.

소비 단식을 위한 SNS 단식

새해 목표로 SNS를 줄이겠다는 야심에 찬 목표를 세워봤는데요. 여러 번 실패한 경험이 있습니다. 한 번 빠지면 시간 가는 줄 모르게 누워있던 제 탓이지요. 하루에 SNS를 기존 2시간에서 1시간으로 줄여보겠다는 건 굉장히 어렵습니다. 사용하는 SNS의 종류를 줄이는 것부터 도전해보세요. 현재 3~4개의 SNS를 매일 순회 공연하듯이 접속하고 있다면 1~2개로 줄여보는 거죠. 사용 시간을 줄이겠다는 다짐보다는 마음먹었을 때, 접속하는 SNS 수를 단번에 줄여보는 전략이 더 효과적입니다.

"
SNS를 아예 끊기보다는
종류부터 줄여보세요.
"

처음에는 최신 트렌드에서 멀어지는 것 같아서 불안한 생각도 들었습니다. 하지만 시간이 지날수록 자존감이 생깁니다. 요즘 뜨고 있는 맛집과 빵집을 도장 깨기를 하듯 모두 방문하지 않아도 일상에서 전혀 문제가 생기지 않습니다. 오히려 물욕은 조금씩 줄어들고 통장에 돈이 쌓이기 시작해요. 저축한 금액이 늘어날수록 소비하고 남는 게 없었던 삶보다 안정감이 느껴지지요. SNS로 허비하던 시간을 다른 생산적인 일에 활용하면 효과는 두 배입니다. 꼭 생산적인 일만 할 필요도 없어요. 휴식을 취하고 잠을 잘 자는 것도 큰 도움이 됩니다. SNS에 가장 많이 접속하는 시간이 언제인가요? 잠자기 전 침대에 누워서 SNS를 하느라 새벽까지 깨어 있던 적은 없나요? 수면 전에 휴대전화 사용만 줄여도 여러분의 건강을 위협하는 수면 장애에서 벗어날 수 있습니다.

욜로(YOLO) 다음은 요노(YONO)?

유행은 시대에 따라 변합니다. 경제 상황과도 밀접한 연관이 있지요. 국내 경제 상황이 어려워지면서 욜로(You Only Live Once)라는 키워드의 빈도가 줄어들고 있습니다. 한 번 사는 인생을 즐기려 해도 불황을 피해 갈 수는 없었던 거죠. 최근 요노(YONO)라는 단어가 떠오르기 시작합니다. 욜로와 영어 스펠링 하나가 다를 뿐이지만 의미는 완전히 다르지요.

요노(You Only Need One)는 꼭 필요한 소비만 하는 게 가장 큰 특징입니다. 꼭 필요하지는 않지만 예뻐서 사는 물건을 줄이고, 무조건 새 제품을 사기보단 중고 거래도 활용합니다. 일회용품보다는 여러 번 사용 가능한 가성비 제품을 찾고요. 비싼 외식비를 절약하기 위해 마트에서 저렴한 식재료 위주로 장을 보고, 살고 있는 집에 너무 많은 물건을 두지 않으려 노력합니다. 너무 많은 짐은 이사를 할 때마다 큰 부담으로 다가오거든요. 극단적 절약이나 짠테크와는 비슷한 듯 조금 다릅니다. 무조건 쓰지 않기보단 절제된 가성비 소비를 지향하는 라이프스타일의 느낌이지요.

요노족의 등장배경

여러 요인이 있지만 고물가, 고금리 그리고 불확실성의 증대가 배경입니다. 코로나19 이후 물가가 계속 오르는 느낌을 받지 않았나요? 점심 한 끼에 만 원 이하 메뉴를 찾기가 점점 어려워지고 있습니다. 치솟는 물가에 배달 음식을 주문하기도 부담스럽지요. 물가를 잡기 위해 금리를 올렸더니 이번엔 대출을 받았던 사람들이 고통받기 시작합니다. 우리나라는 주택담보대출뿐만 아니라 개인 신용대출, 전세자금 대출, 사업자 대출 등 가계대출 분야에서 전 세계 최상위권에 있습니다. 매달 100만 원의 대출 이자를 내다가 갑자기 200만 원의 이자를 내야 한다고 생각해 보세요. 어쩌다 한 번의 외식도 고민하게 될 겁니다.

경제 상황이 어려워지면서 사람들은 점점 지갑을 닫고 있어요. 그럼에도 호황을 누리는 업계도 있습니다. 불황형 소비가 늘어났기 때문인데요. 외식 대신 집에서 식사를 해결하는 비중이 늘어나면서 마트, 편의점 등 유통업계는 반사이익을 보고 있습니다. 지갑이 얇아진 소비자를 공략하기 위해 1,000원 맥주, 과자 등을 선보이고 있지요. 한국의 유통업체는 아쉽게도 반사이익이 주가에 큰 영향을 미치지 않았습니다. 하지만 미국의 대표적인 유통업체인 코스트코와 월마트의 주가는 2024년 사상 최고가를 경신했지요. 다음은 코로나19 이후의 코스트코 주가 추이입니다.

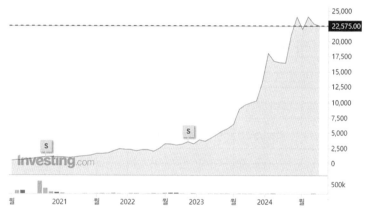

출처: Investing.com

요노 라이프스타일은 어떤가요? 매달 열심히 일을 해서 돈을 버는데도 남는 게 없다고 느낀다면 욜로가 아닌 요노에 관심을 가져보세요. 단, 내 모든 소비가 가치가 있다고 판단하면 안 됩니다. 힘들게 번 돈을 다 쓰거나 심지어 부족한 돈은 신용카드 리볼빙까지 사용하는 행동은 요노족의 소비가 아니라는 점을 기억하세요.

배달 음식 + 다이어트
소비 = 텅장

카페에서 작업을 하다가 우연히 옆 테이블의 대화를 듣게 되었어요. 이번에 '더귀한분'이 되었다고 말하는데 무슨 뜻인지 이해를 못했습니다. 그랬더니 맞은 편에 있던 사람은 나는 '귀한분'인데 친구 중에는 '천생연분'도 있다는 거예요. 새로 나온 신조어인가 싶었는데 배달앱의 회원 등급이라고 하더군요. SNS 앱을 삭제해서 제가 트렌드에 뒤처졌나 싶었습니다.

제 휴대전화에도 배달앱이 설치는 되어 있어서 확인을 해봤어요. '더귀한분'이 되려면 한 달에 10회 이상 주문을 해야 하고요. '천생연분'은 무려 월 20회 이상 주문이 필요하답니다. 한 달에 5회 미만 이용한 저는 기본 등급인 '고마운분'이었어요. 주문 내역 메뉴를 클릭했더니 2021년에는 떡볶이 & 닭강정을 1회 주문했고요. 2022년에는 떡볶이 & 닭강정 2회와 떡볶이 & 버터갈릭 감자튀김 1회를 시켰습니다. 2023년 상반기에는 주문 내역이 없었어요. 총 4회의 주문 중에서는 쿠폰을 사용했던 한 번을 제외하면 포장 주문을 해서 배달비가 없었습니다.

2023년 하반기에는 8,000원 할인 쿠폰을 사용해서 치킨을 한 번 포장해 왔고요. 2024년에는 아이스크림 2만 원 쿠폰 당첨이 되어, 일정 기간 무료 가입한 배달 무료 멤버십까지 활용해서 100원으로 배달을 한 번 사용했습니다.

출처: 배달의민족

배달 음식 주문으로 나가는 식비를 줄이기 위해 규칙을 만들어서 실천하고 있는데요. 아무래도 배달 음식은 고칼로리를 자랑하는 메뉴가 많다 보니 식당까지 걸어가면서 칼로리를 소모하고, 배달 비용도 절약하는 전략을 사용하고 있어요.

배달 음식의 유혹을 참기 힘들다면?

배달 음식을 먹고 싶어도 일단 한 번 참아본다.

그래도 참을 수 없다면 접속해서 할인 쿠폰이 있는지 찾아본다.

할인 쿠폰이 없다면 앱을 종료한다.

배달 무료 쿠폰이 없다면 무조건 음식점까지 걸어가서 포장해온다.

걸어서 이동할 수 없는 거리라면 앱을 종료한다.

배달 음식을 자제하려는 또 하나의 목적은 환경 보호입니다. 포장해온 음식을 꺼내 보면 각종 비닐, 플라스틱, 종이상자 그리고 스티로폼까지 너무 많은 일회용품이 나와요. 일회용품도 분리수거 잘하면 되는 거 아닌가 생각하실 수 있는데요. 음식물을 담았던 일회용품은 재활용되지 않는 경우가 많습니다. 음식물이 묻어 있는 플라스틱은 세척해서 배출해야 하는데요. 음식물 오염이 심하면 일반 쓰레기로 배출해야 해요. 피자나 치킨 박스도 마찬가지입니다. 튀김 조각이나 기름, 양념 등이 잘 지워지

지 않는 종이는 일반 쓰레기로 버려야 해요. 나무젓가락도 일반 쓰레기봉투에 넣습니다.

고물가 시대에 배달 음식을 자주 주문하면 지갑은 텅장이 되고, 살이 찌면서 건강도 나빠지고, 환경도 파괴되는 대환장 파티가 벌어집니다. 게다가 나빠진 건강을 회복하기 위해 다이어트를 하려면 또 돈이 들어갑니다. 통장에 돈이 모일 새가 없어요. 배달 앱에서 VIP가 되어 쿠폰 몇 개 받았다고 기뻐할 일이 아닙니다. 목돈을 모으려면 생활 습관을 기르기 위해 지금부터 배달 음식 줄이기 챌린지에 도전해보시는 건 어떨까요?

벌써 대출이 있는 건 아니겠지요?

대출에는 착한 대출과 나쁜 대출이 있습니다. 주택도시기금에서 신청하는 버팀목 전세자금 대출이 대표적인 착한 대출이지요. 고금리 시대에도 기금 대출이기 때문에 소득, 자산 조건 등을 충족하면 저렴한 금리로 대출을 받을 수 있어요. 금리가 저렴한 만큼 주거비용을 아낄 수 있고 그만큼 저축할 여웃돈도 늘어납니다. 급하게 사용할 돈이 필요한 상황에서 가입한 예금을 담보로 하는 예금담보대출도 착한 대출이 될 수 있어요. 예금 만기가 얼마 남지 않은 상황이라면 해지하는 것보다 예금담보대출을 선택하는 게 이득이거든요.

> "
> 대출에는 착한 대출과
> 나쁜 대출이 있습니다.
> "

은행 대출 상품을 담당하는 IT 개발자로 일하면서 고객의 민원을 많이 받았습니다. 이 은행에서 대출받은 적이 없는데 왜 대출 승인이 거절되는지를 묻는 고객도 있었어요.

신용대출로 1,000만 원을 받을 수 있다고 예를 들어 볼게요. A 은행에서 500만 원의 대출을 받은 뒤에 B 은행에서 1,000만 원의 추가 대출을 시도하는 경우, B 은행에서는 500만 원으로 감액 승인이 납니다. A 은행에서 대출받았다는 내용을 전산 시스템에서 확인할 수 있기 때문이에요. 대출한도 1,000만 원에서 A 은행에서 받은 500만 원을 제외한 나머지만 대출이 가능한 거지요. 은행마다 대출한도와 금리가 일부 다르게 적용될 수는 있습니다.

대출은 잘 활용하면 자산 형성에 도움이 되지만 준비가 되지 않은 상태에서 무분별하게 사용하다가는 큰 위기에 빠지게 돼요. 방심하다가 큰코다치는 대출 상품 중 하나로 '비상금 대출'이 있습니다. 고객의 신용을 심사해서 대출 한도와 금리를 정하는 상품이 아니라 주부, 청년, 무직자도 소액으로 대출이 가능한 상품인데요. 소득을 증명하지 않아도 인터넷뱅킹이나 은행 앱에서 단 몇 분 만에 대출이 가능해서 인기가 많습니다. 최고 한도는 300~500만 원 정도로 크지 않아 방심하기 쉽습니다.

은행 앱에 접속해서 휴대전화 인증을 하고 몇 가지 동의를 하면, 개인차가 있지만 약 300만 원 한도의 마이너스 통장을 개설할 수 있어요. 마이너스 통장 대출은 한도 내에서 실제 사용한 금액에 대해서만 대출 이자를 내는 방식입니다. 처음에는 10~20만 원으로 시작해도 대출 이자를 내는 데는 부담이 없어요. 예를 들어 연 6% 금리로 대출을 받고 20만 원을 사용하면 한 달 이자는 단돈 1,000원입니다. 이자 부담이 없으니 매달 필요할 때마다 편하게 돈을 쓰기 시작해요. 300만 원 한도는 아직 멀었다는 생각에 씀씀이가 커집니다. 11개월 동안 마이너스 통장을 사용하니 어느새 300만 원 한도를 다 사용했습니다. 여전히 이자가 부담되는 수준은 아닙니다.

3,000,000원을 연 6% 대출 시 한 달 이자

3,000,000원 X 0.06 / 12개월 = 15,000원

하지만 11개월이 지나니 은행에서 대출을 연장하라는 문자가 옵니다. 특별한 사유가 없다면 대출 연장이 가능은 합니다. 하지만 대출 기간 연체 기록이 있거나 파산, 개인회생 등 대출 거절 사유가 있다면 대출 연장이 거절되기도 하지요.

대출 연장이 거절되면 발등에 불이 떨어집니다. 한 달 안에 300
만 원을 갚지 못하면 연체 이자도 내야 합니다. 연체 이자보다
더 무서운 건 장기 연체 정보 등록인데요. 대출받고 장기 연체
하는 경우 그 정보를 한국신용정보원에 등록하고, 다른 금융회
사 및 신용조회회사와 공유하게 돼요. 신용 점수도 많이 하락하
고, 떨어진 점수는 대출을 다 갚는다고 바로 회복이 되지 않습
니다. 금융거래에도 지장이 생기는 만큼 연체가 되지 않도록 조
심해야 해요.

"
대출을 장기 연체하면
연체 정보 등록이 시작됩니다.
"

대출 원금과 이자를 감당할 만한 소득이 없다면 형편에 맞지 않

는 대출은 지양해야 합니다. 꼭 사고 싶은 물건은 대출이 아닌 돈을 모아서 구매하세요. 손쉽게 대출이 가능하다고 무분별한 대출을 받았다가 잘못하면 신용불량자로 전락할 수 있습니다.

명품 가방 들고 버스 타기 OR 월급 200만 원으로 수입차 타기

주말에 서울 강남 방향 버스나 지하철을 타면 명품 가방을 들고 결혼식 하객 복장을 한 사람들을 많이 볼 수 있습니다. 저는 아직 명품 가방 살 여유는 없지만 시즌별로 신상품이 나오면 구경하는 걸 좋아하는데요. 루이비통, 디올, 프라다, 보테가베네타, 샤넬 등 브랜드도 각양각색입니다.

가장 눈에 띄는 가방은 샤넬 클래식 미디움 백이에요. 가격도 매년 올라서 2023년 1월 기준 1,300만 원이 넘었는데요, 2024년 8월 기준으로는 1,557만 원이 되었습니다. 샤넬은 지금 사는 게 가장 싸다는 이야기가 나올 정도로 무시무시하게 가격이 올랐어요. 1,000만 원 이하 가격일 때는 프리미엄을 붙여 파는 리셀(재판매)도 성행했습니다.

명품 가방을 들고 만원 버스나 지하철에 타는 모든 사람을 나쁘게 보는 건 아닙니다. 서울은 워낙 교통체증이 심해서 개인 차량으로 이동하기 불편한 지역이 많으니까요. 주차할 곳을 찾는 것도 쉽지 않고 주차비도 비쌉니다.

하지만 버스에 타고 비싼 가방에 스크래치 하나 생길까 걱정하며 어떻게든 몸으로 가방을 사수하기 위해 분투하는 저의 모습을 상상하면 기분이 좋지는 않습니다. 내가 가방을 들고 가는 게 아니라 가방에 매달려 끌려가는 느낌이거든요.

갑자기 자동차에 관심이 생겨 관련 자료를 찾아본 적이 있습니다. 이왕이면 첫 차는 새 차가 좋지 않을까? 하는 생각으로 검색해보니 가격이 만만치 않더라고요. 그래서 중고차 매물을 사기당하지 않고 안전하게 구매하려면 무엇을 점검해야 하는지도 열심히 공부했었습니다.

중고차라는 키워드로 자료 조사를 하다 보니 '카푸어'라는 제목의 콘텐츠가 많았는데요. 카푸어는 Car(자동차) + Poor(가난한)를 합친 단어입니다. 자신이 보유하고 있는 자산이나 월 소득 수준에 비해 무리한 조건의 차량을 구매한 사람을 말하지요.

자동차는 편리한 이동 수단이면서 동시에 소모품입니다. 차량 가격에 따라 유지비용도 더 많이 필요하고요. 수입차는 국산차보다 부품 교체 비용도 훨씬 비쌉니다. 일시불로 구매한 게 아니라면 매달 차량 할부금을 내야 합니다. 운행하려면 유류비가 들어가고 보험료와 자동차세도 내야 하지요. 자동차는 사는 순간부터 가치가 떨어지기 시작해요. 일부 가격 방어가 잘 되는 차량 종류도 있지만, 정도의 차이일 뿐 결국은 시간이 흐르면 감가상각이 생깁니다.

"
자동차는 편리한 이동 수단이면서
동시에 소모품입니다.
"

인터넷상에는 연봉에 맞는 차량 표도 돌아다니는데요. 연봉 2,000만 원 이하는 대중교통, 연봉 3,000만 원 이하는 모닝, 레이 같은 경차를 타야 한다는 내용이 담겨 있습니다. 연봉 조건 말고도 차량 구입을 위한 목돈이 얼마나 있는지도 고려해야겠지요.

결론은 자신의 상황에 맞는 소비를 해야 한다는 겁니다. 명품이든 자동차든 내가 주체적으로 사용하지 못하고 끌려 다녀야 한다면, 아직 그 물건을 소유할 능력이 부족함을 인정할 줄 알아야 해요. 능력에 맞지 않는 소유욕은 목돈 1억 모으기 목표 달성에도 치명적이라는 점을 꼭 기억해주세요.

커피, 디저트 가격을 우습게 보고 있지는 않나요?

얼마 전, 집 근처에 대형 카페가 문을 열었습니다. 대형 카페 붐이 일어나면서 외곽 지역을 중심으로 커다란 카페들이 생기고 있어요. 자동차가 없는 뚜벅이는 접근하기도 어려운 위치에도 많더라고요. 그렇다고 택시를 타고 대형 카페에 갈 수도 없는 노릇이라 가고 싶은 마음을 참고 있었는데요. 새로 생긴 카페까지는 걸어서 20분 거리라 운동 삼아 다녀왔습니다. 인도도 제대로 되어 있지 않은 곳이라 최대한 가장자리에 바짝 붙어서 가야했는데요. 대형 카페답게 건물이 으리으리했습니다. 심지어 2개 동으로 되어 있어서 더 큰 느낌을 받았어요.

카페 층별로 분위기가 조금씩 달라서 마음에 들었지만, 가격은 마음에 들지 않았습니다. 대표 메뉴인 아인슈페너는 9,000원, 한정 수량 판매한다는 티라미수 케이크 조각은 무려 10,000원

이었어요. 비싼 땅값과 으리으리한 건물 건축비, 유지비를 고려하면 저렴하기는 어렵다고 봤는데요. 그래도 음료+조각 케이크 19,000원은 제 지갑의 선을 훌쩍 넘어버렸습니다. 결국에는 케이크는 빼고 가장 저렴한 6,500원 아이스 아메리카노를 주문했어요.

꼭 대형 카페가 아니더라도 프랜차이즈와 개인 카페의 커피 가격이 많이 올랐습니다. 물가가 무섭게 오르면서 밖에서 무언가 사 먹기가 부담스러워졌어요. 출근 전에 커피 한 잔 주문하고 점심 먹고 또 한 잔 마시면 이미 하루 2잔입니다. 야근하면서 추가로 마시면 하루에만 총 3잔을 마시는 셈이지요. 한 달 커피값이 10만 원을 넘기는 것도 어렵지 않습니다. 커피 한 잔에 4,500원이라고 계산하고 한 달에 22일 출근한다고 치면 커피값은 99,000원이에요.

디저트 가격은 한술 더 뜹니다. 맛있다고 소문난 유명 디저트 카페의 빵이나 케이크 가격은 상상을 초월해요. 동네 빵집이나 일반 프랜차이즈 빵 가격을 생각하고 방문했다가는 깜짝 놀라기 십상이지요. 제가 좋아하는 크루아상 한 개가 요즘에 5,000원씩 하더군요. 베이글로 정말 유명하다는 빵집의 가격표에도 거의 5,000원 안팎의 푯말이 붙어 있었습니다. 친구와 둘이 방문해서 커피와 디저트를 주문하면 테이블당 후식으로 2~3만 원이 쉽게 나오지요.

매일 똑같은 음식만 먹고 살 수는 없으니, 퇴근 후나 주말에 가끔 기분 전환을 하는 정도는 괜찮습니다. 하지만 SNS에 소문났다는 빵순이 핫플레이스 성지순례는 곤란해요. SNS 마케팅을 기반으로 한 카페 컨설팅을 통해 지금도 새로운 디저트 가게가 생겨나고 있습니다. 스트레스를 해소해야 한다는 명목하에 디저트 가게를 계속 탐방하다 보면 건강에도 악영향을 끼치고 식비 폭탄을 맞게 됩니다.

> "
> 소비 절제의 대표 항목 중에는
> '식비'가 있습니다.
> "

일반 직장인이 목돈을 모으려면 소비 절제가 필요합니다. 그리고 소비 절제의 대표 항목 중에는 '식비'가 있다는 점을 꼭 기억해주세요.

혹시 당신은
택시 마니아?

회사에 다닐 때 한동안 자전거로 출퇴근했습니다. 걸어서 이동하면 약 25분 정도가 걸렸는데요. 자전거를 타면 10분 이내에 도착해서 아침에 늦잠을 자도 걱정이 없었어요. 자전거를 보관대에 두고 회사 입구로 들어가다 보면 택시가 줄지어 도착하는데요. 택시에서 내려 건물로 뛰어 들어가는 직원 중엔 제 회사 동기들도 있었습니다.

한 달에 택시비가 얼마나 나오는지 물어봤더니 편도로 8,000원~10,000원 정도 나온다고 하더군요. 택시를 타는 횟수를 물었더니 이틀에 한 번 이상 탄다고 했어요. 대중교통을 이용해도 30~40분 정도면 도착하지만 걸어서 이동하고 대중교통 환승도 하다 보니 택시가 편해서 자주 이용한다는 답변이었어요. 이틀에 한 번 이상이라고 했지만, 프로젝트로 바쁜 기간에는 매일 오전에 택시를 타고, 퇴근 후에도 택시를 다고 집에 가는 모습을 종종 발견할 수 있었는데요.

한 달에 22일 출근을 한다고 보면 하루 한 번 기준으로 택시비가 월 22만 원이나 됩니다. 프로젝트 기간이라 늦게 퇴근해서 또 택시를 타면 월 44만 원이라는 엄청난 교통비가 발생해요. 멀지 않은 출근 거리에도 택시를 탄다는 건 그 외 일상생활에서도 택시를 애용한다는 의미지요. 오랜만에 일찍 퇴근해서 같이 맥주 한잔을 한 그날도 회사 동기는 술을 마시면 집에 가기 힘들다는 이유로 택시를 탔습니다. 최근에 택시를 탄 기억이 없어서 택시 앱에 접속을 해봤어요.

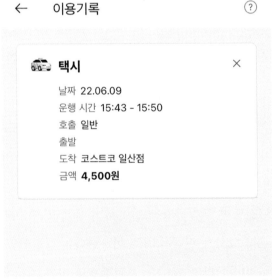

←   이용기록   ⑦

🚕 **택시**   ×

날짜 22.06.09
운행 시간 15:43 - 15:50
호출 일반
출발
도착 코스트코 일산점
금액 **4,500원**

출처: 카카오T

로그인하고 이용기록을 조회해보니 최근 1년 동안 딱 한 번 택시를 탄 걸로 조회가 됩니다. 경기도 고양시에 있는 인쇄소에 업무 목적으로 방문 한 날이었어요. 버스 배차간격이 너무 길어서 어쩔 수 없이 택시를 탔던 날입니다. 평소 길 가던 택시를 잡는 일은 한 번도 없었으니 1년 택시 비용으로 4,500원을 쓴 셈이지요.

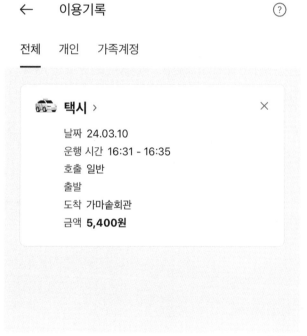

출처: 카카오T

2024년 8월에 다시 이용 기록을 조회해 봤어요. 부모님과 식사를 위해 택시를 한 번 탔습니다. 여전히 저를 대신해 부모님이 항상 운전하시다보니 보니 죄송한 마음이 들어 함께 택시를 탔습니다. 버스를 타는 것과 비교해도 가격 차이가 별로 없어서 택시를 타고 갔다가 돌아올 때는 소화도 시킬 겸 걸어왔던 기억이 납니다.

택시비가 한 달에 수십만 원씩 나와서는 목돈 모으기 목표 달성은 먼 나라 일이 됩니다. 매일 택시를 타던 회사 동기가 정말 부득이한 경우 1주일에 한 번 정도만 택시를 탔다면 월 40만 원이 남습니다. 1년에 5% 금리를 제공하는 적금 상품에 매달 40만 원씩 납입하면 만기 때 세후 4,909,980원을 수령할 수 있어요. 놀랍지 않나요?

월 400,000원, 1년 만기 적금, 연 5% 금리 상품 가입 시

원금 합계: 4,800,000원

세전 이자: 130,000원

이자 과세(15.4%) −20,020원

세후 수령액: 4,909,980원

평소 택시를 자주 이용하는 편이라면 택시 앱 이용 기록 메뉴에

서 택시비를 점검해보세요. 택시를 타지 않으려는 노력은 자연스럽게 지출 감소로 연결이 됩니다. 예를 들어서 모임에 나가서도 막차 시간을 확인하고 대중교통을 이용하는 습관을 들여보세요. 택시비도 절약하고 술값도 덜 나온답니다.

퇴사하고 세계여행을 꿈꾸고 있나요?

제가 구독하고 있는 유튜브 채널 대부분은 여행을 주제로 하고 있어요. 국내와 해외를 오가면서 여행하는 콘텐츠가 메인이지요. 계속 해외에서 거주하는 분도 있고요. 직장생활과 코로나로 여행을 갈 수 없는 상황에는 특히 여행 콘텐츠를 보며 대리만족을 느꼈었습니다. 자유롭게 여행하는 모습을 보고 있으면 '아 나도 퇴사하고 세계여행 가고 싶다'라는 말이 절로 나오더군요.

직장인이라면 항상 사직서를 품에 안고 있다고 하지요. 과도한 업무, 상사와의 갈등, 보이지 않는 미래 등 회사 생활은 만만치 않습니다. 야근 후에 회사 동료와 가볍게 맥주 한잔하면서도 퇴사하고 싶다는 신세한탄 배틀도 자주 했어요. 퇴사 결심은 하루에 열 번도 넘게 가능합니다. 하지만 대부분이 퇴사 결심을 번복하고 직장생활을 지속하고 있지요. 가장 큰 이유는 '돈'입니다. 부동산, 주식, 가상화폐 등 그동안 투자로 돈을 많이 벌었다면 문제가 없겠지만 우리의 이야기는 아니지요. 호기롭게 사직서를 내고 퇴사까지는 할 수 있습니다. 하지만 퇴사 후 계획이 없다면 모아둔 돈을 까먹으면서 시간만 흐르게 돼요. 항상 꿈꿔왔던 퇴사 후 세계여행을 떠나는 건 어떨까요?

그동안 고생했던 나를 위한 선물이야

지금의 나에겐 힐링이 필요해

세계여행 콘텐츠를 촬영하면 대박이 날 거야

더 나이가 들면 떠나기 힘들어질 거야

머릿속으로 희망 회로를 그리면서 얼마 모으지 못한 돈으로 세계여행을 떠납니다. 여행을 통해 앞으로 어떻게 살아갈지 뚜렷한 목표를 찾는 건 쉽지 않습니다. 여행 자체는 즐겁기에 만족하는 부분도 있습니다. 동시에 앞으로 어떻게 살아야 할 지에 대한 고민도 깊어지겠지요. 세계여행을 다녀와서 다시 재취업에 도전할 계획이라면 더 신중하게 고민해봐야 합니다.

대학 시절 세계여행을 다녀오는 건 다양한 경험을 했다는 측면에서 취업에 도움이 될 수 있습니다. 졸업 전에 세계여행을 가기에는 금전적인 한계가 있겠지만요. 그러나 퇴사 후 세계여행을 갔다가 다시 취업하는 선 굉장히 힘듭니다. 돌아오자마자 재취업에 성공하는 능력자도 있겠지만 일반 사무직보다는 전문직 또는 기술직일 가능성이 높아요.

"
대학 시절 세계여행을 다녀오는 건
취업에 도움이 될 수 있습니다.
그러나 퇴사 후 세계여행을 갔다가 다시 취업하는 건
굉장히 힘듭니다.
"

회사 입장에서 이전 회사를 퇴사한 뒤 세계여행을 하고 귀국한 구직자를 어떻게 바라볼까요? 결단력 있고 용기 있는 지원자로 바라봐 준다면 좋겠지만 반대로 자유로운 영혼의 소유자라서 언제든 다시 떠날지도 모르는 지원자로 판단할 수도 있습니다. 힘든 하루하루를 견디기 어려워 퇴사하고 싶다면 다음 질문에 대한 답을 해보세요.

나는 퇴사 후 후회하지 않을 자신이 있어

나는 퇴사 후 다음 플랜이 있어

나는 최소 1년 이상 소득이 없어도 버틸 여유자금이 있어

지금 하는 일은 적성에 맞지 않아서 진정으로 하고 싶은 일을 찾고 싶어 퇴사하는 경우도 있겠지요. 이런 퇴사는 궁극적인 해결책이 되지 못해요. 당장 퇴사한다고 하고 싶은 일이 하늘에서 뚝 떨어지는 게 아니거든요. 월급이 들어오지 않으면 그동안 저축했던 돈으로 생활해야 하는데요. 비상금이 줄어들수록 초조한 감정은 커지고 올바른 판단을 하기 어려워집니다.

퇴사 후 플랜B가 100% 또렷하게 준비되어 있지는 않더라도 방향성은 잡고 행동에 옮겨야 합니다. 방향성은 없지만 무조건 퇴사하고 싶다면 경력 공백기가 길어져도 불안하지 않을 정도의 목돈을 모은 후에 다시 고민해보길 바라요.

PART 02

재테크 초보자를 위한 기본기 쌓기

예금? 적금? 어떤 상품에 가입하나요?

저축하려면 예·적금 상품에 가입하라는 이야기를 많이 들었을 텐데요. 예·적금이란 정확히 무엇이고 어떤 종류가 있을까요? 처음 경제활동을 시작해서 정기적인 소득이 발생한다면 적금 상품을 권해드려요. 정기예금은 매월 납입하는 게 아니라 큰 금액을 한 번에 맡기고 안정적으로 이자를 받고 싶을 때 적합한데요. 적금 상품에 가입해서 목돈을 만들고, 모인 목돈은 정기예금 상품에 가입해서 더 큰 돈으로 만들 수 있습니다. 예금과 적금의 개념과 종류에 대해 이해하는 건 재테크의 시작이라 할 수 있어요.

> "
> 예금과 적금을 정확히 이해하는 것은
> 재테크의 시작입니다.
> "

예·적금의 종류

예·적금은 언제든 원할 때 입금과 출금이 가능합니다. 이자가 없거나 아주 낮은 요구불예금과 일정 기간 돈을 보관해서 요구불예금보다 높은 이자를 받는 저축성예금으로 나뉘는데요.

요구불예금은 쉽게 말해 일반 입출금통장이라고 생각하면 이해하기가 쉽습니다. 보통예금 상품이 대표적이지요. 은행마다 직장인 통장, 청소년 통장, 대학생 통장 등 다양한 상품을 판매하고 있어요. 은행 입장에서는 고객이 언제 돈을 출금할지 모르는 통장이기 때문에 금리가 0.1% 수준으로 매우 낮은 경우도 많습니다. 100만 원을 1년 동안 보관해도 고작 세전 1,000원의 이자를 받게 돼요. 저축성예금에는 적금, 정기예금 상품 등이 있습니다.

목돈을 마련할 수 있는 적금 상품

적금은 일정한 금액을 일정한 기간 낸 다음 원금과 이자를 받는 형태입니다. 적금에는 정기적금(정액적립식)과 자유적금(자유적립식)이 있습니다. 정기적금은 매월 정해진 금액을 약정한 기간 내고 저축 예정 기간이 다 되면 원금과 이자를 받는 방식이에요. 예를 들어 매월 50만 원씩 1년 동안 납입을 하면 총저축 금액은 600만 원이고, 약정한 금리에 따라 이자를 추가로 받습니다.

정기적금(정액적립식) 예시

월 저축 금액: 500,000원

저축 예정 기간: 1년

총저축 금액: 6,000,000원

자유적금은 말 그대로 매월 정해진 금액 없이 자유롭게 돈을 적립하는 방식을 말합니다. 적립한 금액에 따라서 받을 수 있는 이자도 달라지겠지요.

자유적금(자유적립식) 예시

월 저축 금액: ???원

저축 예정 기간: 1년

총저축 금액: ???원

목돈을 굴릴 수 있는 정기예금 상품

정기예금 상품은 목돈을 일정기간 보관하고 만기 또는 매월 이자를 받을 수 있는 저축 상품이에요. 이자를 만기에 받는 상품이 대부분이고요. 만기 전에 정기예금 상품을 해지할 경우 가입한 기간에 따라 이자가 적거나 없을 수 있습니다. 중도에 해지하면 손해가 발생하는 만큼 가입 전에 자금 계획을 잘 점검해야 해요. 급한 일이 생길까 걱정이 된다면 목돈을 나눠서 여러 개 정기예금 상품에 가입하면 되는데요. 예를 들어 3,000만 원의 목돈을 1,000만 원씩 나누어 3개의 정기예금 상품에 가입하는 방법이 있습니다. 급하게 500만 원을 사용해야 할 상황이 생긴다면 2개의 정기예금은 유지하고 1개만 해지를 해서 이자 손실을 최소화할 수 있습니다.

정기예금 예시

월 저축 금액: 10,000,000원

저축 예정 기간: 1년

예금 금리: 연 5%

예·적금 상품 가입 경로

예·적금 상품 가입을 하고 싶다면 은행 영업점 직접 방문하거나 인터넷이나 스마트폰을 활용한 온라인 경로 중 선택하면 되는데요. 최근에는 인터넷이나 스마트폰을 사용한 비대면 가입이 대세입니다. 상품에 따라 다르지만, 인터넷이나 모바일 전용 상품에 우대금리를 제공하는 경우가 많습니다. 영업점에 방문하지 않아도 되어 편리한데 이자도 더 많이 받을 수 있어요. 온라인으로 상품에 가입하면 종이통장이 아닌 전자통장이 발급되는데요. 은행에서도 환경보호 차원에서 종이통장 줄이기 캠페인을 펼치기도 합니다.

단리, 복리 차이는 무엇이고 금리 계산은 어떻게 하죠 ?

예금과 적금에 대해 이해했다면 이제 좋은 상품을 고르기 위해 금리에 대해 알아볼게요. 그리고 금리에 따른 정기예금과 정기적금의 차이점도 살펴보겠습니다. 금리란 원금에 대한 이자의 비율을 말해요. 뉴스를 보면 '기준금리'라는 단어가 많이 언급되는데요. 기준금리는 예·적금이나 대출 상품 등의 기준이 되는 금리를 말하며, 한국은행에서 국내외 경제 상황에 따라서 결정합니다.

단리 VS 복리

단리는 적립한 원금에 대해서만 이자가 붙는 방식이고, 복리는 일정기간마다 이자를 원금에 더하고, 이자+원금을 새로운 원금으로 계산해요. 복리는 이자가 겹친다는 의미로, 이자에 이자가 붙는다는 뜻이지요. 동일한 금리 조건이라면 단리보다 복리 조건이 더 유리합니다. 더 쉬운 이해를 위해 예시를 볼까요?

단리와 복리의 차이점 예시(저축 금액은 1,000만 원, 예금 금리는 연 10%으로 가정)

원금	단리	복리
1회차 원금 1,000만 원	이자 100만 원	이자 100만 원
2회차 원금 1,000만 원	이자 100만 원	이자 110만 원
3회차 원금 1,000만 원	이자 100만 원	이자 121만 원

정기예금 VS 정기적금 이자 차이 계산

연 6% 금리를 제공하는 정기예금 상품에 목돈 1,200만 원을 적립하는 것과 연 10% 금리 적금 상품에 매월 100만 원씩 1년 동안 적립하는 것 중에서 어떤 상품의 이자가 더 많을까요? 원금은 동일하게 1,200만 원이지만, 연 6% 정기예금의 이자가 연 10% 정기적금보다 더 많습니다.

정기예금(목돈 1,200만 원, 연 6% 단리, 1년 가입)	정기적금(월 100만 원, 연 10% 단리, 1년 가입)
원금합계: 12,000,000원	원금합계 12,000,000원
세전이자: 720,000원	세전이자 650,000원
이자과세(15.4%): -110,880원	이자과세(15.4%): -100,100원
세후 수령액: 12,609,120원	세후 수령액: 12,549,900원

이해가 쉽도록 두 상품을 모두 1월에 가입했다고 가정을 해볼게요. 정기예금의 경우 1월에 1,200만 원을 한 번에 적립하면 12개월 내내 같은 이율을 적용받습니다. 하지만 정기적금은 계산법이 달라요. 1월에 적립한 100만 원에 대해서는 12개월 치 이자를 받지만, 2월에 적립한 두 번째 100만 원은 11개월 치 이자만 받게 됩니다. 이런 방식으로 12월에 납입한 마지막 100만 원은 1달 치 이자만 받게 되는 거지요.

단리 정기예금 VS 월 복리 정기예금 이자 차이 계산

동일한 이율이라도 단리, 복리 여부에 따라 수령하는 이자가 달라지는데요. 실제 예시를 통해 수령액을 확인해보겠습니다. 월 복리 상품은 매월 이자를 원금에 더해서 새로운 원금이 되는 만큼 단리 상품보다 더 많은 이자를 받게 됩니다.

목돈 1,200만 원, 연 6%, 1년 가입 조건 예시

단리 정기예금	월 복리 정기예금
원금합계: 12,000,000원	원금합계: 12,000,000원
세전이자: 720,000원	세전이자: 740,134원
이자과세(15.4%): -110,880원	이자과세(15.4%): -113,981원
세후 수령액: 12,609,120원	세후 수령액: 12,626,153원

가입 기간과 금리 조건에 따라 실제 받는 이자가 달라질 수 있는 만큼 잘 따져보고 가입해야 해요. 네이버 검색창에 '이자 계산기'를 입력하면 조건에 따른 예·적금 이자를 쉽게 계산할 수 있습니다.

출처: 네이버 이자계산기

예·적금도 세금을 내야 한다니요?

매월 소중한 월급의 일부를 따로 빼서 적금 상품에 가입했습니다. 1년 동안 사고 싶은 것, 먹고 싶은 것도 많았지만 꾹 참아왔는데요. 드디어 적금 만기가 되어 해지를 하려고 은행 앱에 접속하니 이자가 생각했던 것보다 적습니다. 이게 무슨 일인가 살펴보니 이자에 15.4%의 세금이 부과되었어요.

목돈 1,000만 원, 가입 기간 1년, 5% 단리 조건으로 정기예금 가입

원금 합계: 10,000,000원

세전이자: 500,000원

이자과세(15.4%): -77,000원

세후 수령액: 10,423,000원

우리가 금융상품에 가입하고 이자나 배당을 받으면 수익에 대해서 세금을 내야 합니다. 따로 신청해야 하는 건 아니고요. 알아서 세금을 제외한 수익을 받게 되지요. 일반과세율 15.4%는 이자소득세와 지방소득세로 구성되어 있습니다.

일반과세율 15.4% = 이자소득세 14% + 지방소득세 1.4%

모든 예·적금 상품의 세금이 15.4%인 건 아니에요. 금융상품 중에는 세금을 감면해주거나 아예 부과하지 않는 경우도 있습니다. 세금을 감면해주는 걸 세금 우대라고 하고요. 세금을 부과하지 않는 건 비과세라고 하지요.

세금 우대를 적용하는 대표적인 금융상품은 농협, 신협과 같은 조합예탁금이 있습니다. 조합예탁금에 가입한 조합원은 3,000만 원까지 세금 우대를 받을 수 있는데요. 이자소득세는 발생하지 않고, 농어촌특별세 1.4%만 공제한 이자를 받게 됩니다.

조합예탁금 우대세율 1.4% = 이자소득세 0%+농어촌특별세 1.4%

이자소득세가 발생하지 않기 때문에 3,000만 원 정기예금으로

도 세금 걱정 없이 많은 이자를 받을 수 있습니다.

목돈 3,000만 원, 가입 기간 1년, 5% 단리, 1.4% 우대세율 조건

으로 정기예금 가입

원금 합계: 30,000,000원

세전이자: 1,500,000원

우대세율(1.4%): -21,000원

세후 수령액: 31,479,000원

비과세 금융상품 현황

금융상품	세제 혜택	가입 대상	가입 한도
비과세 종합저축	계좌에서 발생한 이자소득, 배당소득 비과세	65세 이상자, 장애인,독립유공자,국가유공상이자,기초생활수급자,고엽제후유의증환자,5·18민주화운동부상자 등 (직전 3개 과세기간 중 1회 이상 금융소득종합과세자 제외)	총 5천만 원

금융상품	세제 혜택	가입 대상	가입 한도
조합 출자금	배당소득 비과세	조합원	총 1천만 원
조합 예탁금	이자소득 비과세 (농특세 1.4% 과세)	조합원	총 3천만 원
장병내일 준비적금	이자소득 비과세	현역병, 상근예비역, 의무경찰, 해양의무경찰, 의무소방원, 사회복무요원 (직전 3개 과세기간 중 1회 이상 금융소득종합과세자 제외)	은행별 월 20만원 이하(개인별 최대 월 40만 원)

출처: 금융감독원 금융상품한눈에

이자 많이 주는
예·적금 상품 찾는 방법

예·적금 상품에 대해 어느정도 이해를 했다면 이제 실전이에요. 이왕이면 더 높은 금리를 제공하는 상품에 가입해야 많은 이자를 받을 수 있겠죠? 하지만 금융회사를 일일이 찾아보기에는 시간이 너무 오래 걸립니다. 금융상품을 종류별로 한 번에 조회하는 서비스를 이용하면 시간을 절약할 수 있어요.

금융감독원 금융상품통합비교공시 '금융상품한눈에' 서비스

금융감독원의 금융상품한눈에(https://finlife.fss.or.kr) 서비스의 금융상품 정보는 금융회사가 각 금융협회에 제출한 자료를 바탕으로 제공합니다. 금리 조건 등이 수시로 변경될 수 있기 때문에 상품 가입 전에 해당 금융회사의 정보로 한 번 더 확인해야 해요. 정기예금이나 적금 상품 외에도 다양한 금융상품에 대한 정보를 종합적으로 확인할 수 있는 사이트입니다.

출처: 금융감독원 금융상품한눈에

메인 화면에서 정기 예금을 선택하면 저축 금액, 저축 예정 기간, 이자 계산 방식 등이 자동으로 설정되어 있는데요. 내가 원하는 조건이 있다면 다른 항목을 체크하고 검색하면 됩니다. 기본적으로 가장 높은 금리를 제공하는 상품부터 상단에 출력이 되기 때문에 상품을 쉽게 비교할 수 있습니다.

출처: 금융감독원 금융상품한눈에

적금 메뉴도 월 저축 금액, 저축 예정 기간, 적립방식 등이 기본적으로 설정되어 있습니다. 만약 월 50만 원씩 저축할 상품을 찾는다면 월 저축 금액 항목을 수정하면 됩니다. 시중에 판매하는 모든 상품이 조회되지는 않기 때문에 여러 사이트의 정보를 종합해서 가입할 상품 목록을 추리면 되겠습니다.

적금

출처: 금융감독원 금융상품한눈에

은행 금융상품 정보를 제공하는 은행연합회 소비자포털

은행연합회는 은행 상호 간의 업무협조와 은행 업무 개선을 통한 금융산업 발전 도모 등의 목적으로 설립되었습니다. 은행연합회 소비자포털(https://portal.kfb.or.kr) 사이트 접속하면 예·적금 상품 및 다양한 금융상품에 대한 비교 정보를 확인할 수 있어요.

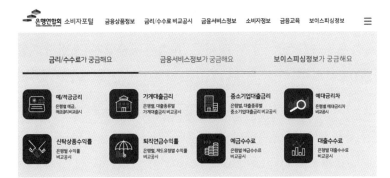

예금상품금리비교 메뉴로 들어가 보면 예금 상품 종류별 은행별 조회도 가능한데요. 시중은행, 지방은행 및 인터넷전문은행 등 은행 관련 업무를 수행하는 금융회사들이 은행연합회에 소속되어 있습니다. 간단한 조작으로 예·적금 상품 조회가 가능하고, 조회된 정보를 엑셀 파일 형태로 내려받을 수 있습니다.

예금상품금리비교

예금금리	적금금리	장병내일준비적금금리	맞춤상품검색

정기예금	상호부금	개인MMDA	법인MMDA

☐ 전체
☐ KDB산업은행　☐ NH농협은행　☐ 신한은행　☐ 우리은행　☐ SC제일은행　☐ 하나은행
☐ IBK기업은행　☐ KB국민은행　☐ 한국씨티은행　☐ Sh수협은행　☐ DGB대구은행　☐ BNK부산은행
☐ 광주은행　☐ 제주은행　☐ 전북은행　☐ BNK경남은행　☐ 케이뱅크　☐ 카카오뱅크
☐ 토스뱅크

• 이자 계산방식　○ 단리　○ 복리
• 가입방식　◉ 전체　○ 영업점　○ 인터넷뱅킹　○ 스마트뱅킹　○ 전화　○ 기타
• 정렬방식　[사원은행 ▾]　[오름차순으로 정렬 ▾]

검색

출처: 은행연합회 소비자포털

저축은행 금융상품 정보를 제공하는 SB 소비자포털

저축은행 예·적금 상품 조회는 저축은행중앙회 소비자포털 (https://www.fsb.or.kr/ratcodi_0100.act)에서 가능합니다. 정기예금 정보가 궁금하다면 가입 기간, 약정 금액을 선택 후 검색 버튼을 선택하면 되는데요. 예금뿐만 아니라 적금, 주택 담보대출, 중금리 신용대출 정보도 확인이 가능합니다.

출처: 저축은행중앙회 소비자포털

공공기관이나 연합회 홈페이지 말고도 네이버 검색창에 '예금', '적금' 등의 키워드를 입력해도 다양한 금융회사의 예·적금 상품 정보 확인이 가능해요. 예금, 적금 그리고 CMA 상품까지 선택이 가능하고요. 은행, 저축은행 뿐만아니라 신협 예·적금 상품도 비교해서 볼 수 있습니다.

출처: 네이버 검색

파킹 통장이 도대체 무엇인가요?

파킹통장은 하루만 맡겨도 약정한 금리에 대한 이자를 지급하는 수시입출금 통장을 말해요. 언제든지 돈을 넣고 뺄 수 있으면서 높은 금리를 제공한다는 게 특징입니다. 주로 단기간 보관할 돈을 파킹통장에 넣어두는데요. 일반 입출금통장은 연 0.1%의 미미한 금리를 주는 반면, 파킹통장은 시중금리에 따라 변동이 되지만 상당한 금리 혜택을 받을 수 있어요. 저도 파킹통장 여러 개를 보유하고 있는데요. 금융회사별로 금리 조건과 한도가 다르기 때문에, 더 혜택을 주는 쪽으로 단기자금을 계속 옮기고 있어요.

"
파킹통장은 언제든지 돈을 넣고 뺄 수 있으면서
높은 금리를 제공한다는 게 특징입니다.
"

매달 지급되는 이자 혜택

파킹통장은 대부분 매달 이자를 주기 때문에 만기에 이자를 한 번에 지급하는 정기예금보다 체감 효과가 큰데요. 2금융권 저축은행 파킹통장 중에는 1금융권 은행의 정기예금보다도 높은 금리를 제공하기도 해요. 시중은행보다 더 많은 이자를 매달 받을 수 있다는 장점 때문에 인기가 많습니다. 고금리 시기에 세전 연 5% 이상의 금리를 제공하는 파킹통장도 등장했는데요. 한 달에 한 번 이자가 들어오는 걸 보면 굉장히 뿌듯한 기분입니다. 단, 금리 인하 시기에는 파킹통장 금리도 내려갈 수 있다는 점도 기억하세요.

연 5% 금리 파킹통장에 1,000만 원 예치 시 하루 이자

1,000만 원 X 0.05 / 365 = 세전 약 1,370원

이자를 매일 지급하는 상품도 있습니다. 한 인터넷 전문은행은 앱에 접속해서 이자 받기 버튼을 누르면 매일매일 이자를 받을 수가 있는데요. 매일 이자를 받으면 일 복리로 돈이 쌓이기 때문에 더 많은 이자를 받게 되지요. 단, 이자를 매일 받으려면 앱에 접속해야 하는 만큼, 충성 고객을 만들기 위한 마케팅 전략으로 볼 수 있습니다.

중도해지나 인출에 대한 페널티가 없다

정기예금 상품에 가입했다가 중간에 급하게 돈을 사용할 일이 생겨서 해지하면 페널티가 있습니다. 원금에는 영향이 없지만 처음에 약정했던 금리를 다 받지 못하게 돼요. 하지만 파킹통장에 보관한 돈은 자유롭게 입금과 출금 거래가 가능합니다. 하루만 돈을 맡겨도 약정된 이자를 받을 수 있는 방식이라 인기가 많습니다. 금융회사에 따라 높은 금리를 제공하는 한도가 정해져 있고, 금리가 시장 상황에 따라 바뀔 수는 있지만 단점은 거의 없고 장점은 많은 유용한 통장입니다.

파킹통장은 비상금을 보관하는 용도로 사용하기에 최적입니다. 몰래 숨겨두고 사용하는 비상금의 의미는 아니고요. 약 3개월 정도의 급여를 파킹통장에 보관해두면, 급하게 돈이 필요한 상황이 왔을 때 예·적금 상품을 해지하거나 대출받지 않고도 유용하게 사용할 수 있어요. 그 외 증권사에서 주관하는 공모주 청약 투자금을 보관하는 용도로도 굉장히 좋습니다.

예금자보호제도란 무엇인가요?

예금자보호제도는 금융회사가 파산 등의 상황으로 고객이 예치한 돈을 지급할 수 없는 상황이 되었을 때, 예금자를 보호하기 위한 제도인데요. 이 제도는 예금자보호법에 의해 도입이 되었어요.

예금자보호법 제1조(목적)

이 법은 금융회사가 파산 등의 사유로 예금 등을 지급할 수 없는 상황에 대처하기 위하여 예금보험제도 등을 효율적으로 운영함으로써 예금자 등을 보호하고 금융제도의 안정성을 유지하는 데에 이바지함을 목적으로 한다.

예금자보호법에 따른 예금보험제도를 효율적으로 운영하기 위해 예금보험공사가 만들어졌어요. 법에서 명시한 금융회사는

예금보험공사가 관리하는 예금보험에 가입하고 보험료를 냅니다. 예금보험공사는 보험료를 잘 보관하고 있다가 금융회사가 파산해서 고객의 돈을 줄 수 없는 상황이 되면 보험에 가입한 회사를 대신해서 고객에게 보험금을 지급합니다.

예금자보호제도 한도

예금자보호제도가 있어도 내 예금 전부를 보호해주는 건 아니에요. 예금보험공사가 대신 지급하는 보험금에는 한도가 있습니다. 2024년을 기준으로 예금자 1인당 1개의 금융회사에 5,000만 원 한도로 지급해요. 5,000만 원에는 원금과 소정의 이자가 포함되어 있습니다.

예를 들어 ㄱ은행과 ㄴ은행에 각각 예·적금 상품에 가입했다면 예금자 보호 한도는 ㄱ은행 5,000만 원, ㄴ은행 5,000만 원이 됩니다. 지점이 달라도 같은 은행이라면 보유한 예금이 합산된다는 점을 꼭 기억하세요.

예금자보호한도 예시

ㄱ은행 서울지점 청년적금	원금 1,000만 원, 이자 20만 원	5,000만 원 만 보호
ㄱ은행 부산지점 여행적금	원금 2,000만 원, 이자 30만 원	
ㄱ은행 제주지점 정기예금	원금 3,000만 원, 이자 50만 원	
ㄴ은행 서울지점 직장인예금	원금 4,900만 원, 이자 100만 원	5,000만 원 보호

모든 금융회사가 예금자보호법의 적용을 받는 건 아니에요. 은행, 상호저축은행, 보험회사, 종합금융회사, 증권회사 등은 예금자보호법에 의해 보호가 됩니다. 예금자보호법에 의해 보호되는 금융회사는 아니지만 예금자를 보호하는 제도가 있는 금융기관도 있어요. 새마을금고, 우체국, 신용협동조합, 농협, 수협 등이 여기에 해당합니다.

목돈이 모였다면 예금자 보호 한도인 5,000만 원 이하로 나누어 보관한다면 가장 안전하겠습니다. 여러분 모두 목돈을 모아서 예금자 보호 한도를 고민하는 시기가 빨리 왔으면 하는 바람이에요.

예금자보호제도 적용 예외 상품도 있다

모든 금융상품이 예금자보호제도의 대상이 되는 건 아니에요. 예금자 보호 제도가 적용되는 금융상품은 일반적으로 예·적금 인데요. 투자 실적이 좋지 않으면 손실이 발생하는 펀드 등 금융투자상품은 대부분 예금자 보호를 적용하는 상품이 아닙니다. 상품 가입 전에 예금자 보호가 적용되는 지 한 번씩 확인하는 습관을 들이면 좋습니다.

예금자보호제도에 대해 더 자세한 내용이 궁금하다면 예금보험공사 홈페이지(https://www.kdic.or.kr)에 접속해보세요.

출처: 예금보험공사 홈페이지

청약통장을 꼭 만들어야 하나요?

청약통장은 꼭 만들어두시길 추천해요. 내 집이 없는 분이라면 강력하게 권해드리고요. 내 집 마련을 하신 분이라도 나중을 대비해서 통장을 만들어두세요. 매달 납입할 여유가 없다면 납입하지 않은 상태라도 괜찮습니다. 미납한 회차에 대해서도 나중에 납입이 가능하거든요.

> "
> 청약통장은 꼭 만들어
> 두시길 추천해요.
> "

주택청약은 주택을 분양 받으려는 사람이 일정한 입주 자격을 갖춰서 집을 사겠다는 의사표시로 예금 등에 가입하는 것인데요. 새 아파트를 분양 받아 입주해서 살고 싶다면 필요한 통장으로 이해하면 쉽습니다. 청약통장의 종류는 많지만 현재 가입이 가능한 상품은 2개입니다.

주택청약종합저축

주택청약종합저축은 국민주택과 민영주택을 공급받기 위해 필요한 저축이에요. 2009년 5월에 출시된 상품이고요. 기존에는 청약저축, 청약예금, 청약부금으로 나뉘어 있던 기능을 하나의 청약통장으로 묶었습니다. 주택청약종합저축이 있으면 LH가 대표적인 국민주택 청약 신청과 삼성물산, 현대건설 등 민간 건설사가 공급하는 민영주택 청약 신청이 모두 가능합니다.

가입은 간단합니다. 국내에 거주하고 있는 사람이라면 나이나 자격조건 없이 가입이 가능해요. 금액은 매월 2만 원부터 50만 원 이내에서 자유롭게 납입을 하면 됩니다. 국민주택 청약도 고려하고 있다면 매월 10만 원씩 납입을 하는 게 가장 효과적이었습니다. 과거형인 이유는 2024년 11월부터 국민주택 월 납입 인정 금액이 25만 원으로 오를 예정이기 때문입니다.

국민주택의 일반공급은 납입인정 금액이 많은 순서로 청약 당첨자를 선발합니다. 예전에는 한 달에 해당하는 1회차 기준으로 최대 10만 원까지 인정했습니다. 즉, 한 번에 50만 원을 넣어도 국민주택 납입인정 금액은 10만 원만 인정되었습니다.

국민주택 납입인정 금액 계산(월 10만 원 인정 시)

1회차 50만 원 납입 - 인정금액 10만 원

2회차 10만 원 납입 - 인정금액 10만 원

3회차 2만 원 납입 - 인정금액 2만 원

납입인정 금액 합계 - 10만 원 + 10만 원 + 2만 원 = 22만 원

국민주택 납입인정금액이 월 10만 원에서 25만 원으로 바뀌면 우리는 매달 청약통장에 얼마를 넣어야 할까요? 월 10만 원씩만 넣으면 되던 때보다는 계산이 복잡해졌습니다. 개인 상황에 따라 다른 전략을 사용해야 하는데요. 우선 국민주택 납입인정 금액 계산 예시는 아래와 같습니다.

국민주택 납입인정 금액 계산(월 25만 원 인정 시)

1회차 50만 원 납입 - 인정금액 25만 원

2회차 25만 원 납입 - 인정금액 25만 원

3회차 10만 원 납입 - 인정금액 10만 원

납입인정 금액 합계 - 25만 원 + 25만 원 + 10만 원 = 62만 원

매달 25만 원을 청약통장에 넣는 건 굉장히 부담스러운 일입니다. 청약통장은 만기가 별도로 없기 때문에 계좌를 해지하거나

청약통장을 사용해서 청약 당첨이 되지 않는 이상 돈을 꺼낼 수 없거든요.

청약통장에 월 25만 원 납입해도 괜찮은 경우(1,2,3번 모두 충족 시)

1. 청약 도전할 지역에 공공분양 계획이 있거나 있을 예정

2. 기존에 오래된 청약통장이 있음

3. 청약통장 연말정산 소득공제 대상

위 3가지 항목 중에 1~2개만 해당하는 경우라면, 개인의 소득이나 저축 상황에 따라 월 납입 금액을 결정하거나 미납상태로 가지고만 있어도 됩니다. 미납 회차는 나중에 여유가 될 때 채워 넣을 수 있습니다. 반대로 굳이 월 25만 원 납입할 필요가 없는 경우도 있습니다.

청약통장에 월 25만 원 납입이 필요 없는 경우(1,2,3번 모두 충족 시)

1. 민영주택 청약만 고려 중

2. 청약통장을 비교적 최근에 발급

3. 청약통장 연말정산 소득공제 대상이 아님

주택청약종합저축의 대표적인 혜택은 일정 조건을 충족하면 연말정산 소득공제가 가능하다는 점이에요. 2024년 기준, 연간 300만 원 이하 납입액에 대해 40% 소득공제 혜택이 있습니다. 모든 사람이 대상인 건 아니고요. 무주택 세대주이면서 근로소득이 일정 금액 이하여야 세제 혜택을 받게 됩니다. 무주택 세대주는 말 그대로 주택을 소유하지 않아야 하고, 주민등록등본 상 세대주여야 합니다. 근로소득은 2024년 기준 7,000만 원 이하여야 하고요. 주택을 소유하고 있거나 주민등록등본상 세대원이면 공제 대상이 아닙니다. 국토교통부 보도자료에 따르면 2025년부터 무주택 세대주의 배우자까지 혜택을 확대하는 것을 고려 중이라고 합니다. 연 소득이 7,000만 원을 초과해도 대상이 아니라는 점을 기억해두세요.

청년 주택드림 청약통장

만 19세~34세 이하 청년을 위한 전용 상품입니다. 소득이 낮은 청년들의 내 집 마련을 지원하기 위해 일반 주택청약종합저축보다 더 높은 금리를 주고, 비과세 혜택도 제공하지요. 가입 조건이 된다면 청년 주택드림 청약통장을 선택하는 게 당연히 더 좋습니다. 나이, 소득 그리고 주택 여부 조건을 충족해야 가입이 가능합니다.

청년 주택드림 청약통장

구분	가입조건
나이	만 19세 이상 ~ 만 34세 이하(병역기간 최대 6년 인정)
소득	우대금리: 신고소득이 있는 자로 연 소득 5,000만 원 이하(근로, 사업, 기타 소득자에 한함)
	비과세 혜택: 직전년도 소득 3,600만 원 이하 근로자 or 종합소득금액 2,600만 원 이하 사업자 등
주택 여부	무주택자
	* 우대조건이 계속 바뀌기 때문에 가입 시점의 상세 조건 확인 필요

출처: 정부24

주택청약종합저축을 청년 주택드림 청약통장으로 전환 시 주의사항

자격조건만 된다면 일반 주택청약종합저축보다 청년 주택드림 청약통장을 선택하는 게 더 많은 혜택이 있습니다. 기존에 일반 주택청약 통장을 가지고 있는 경우 청년 주택드림 청약통장으로 '전환 신규'가 가능한데요. 청년 주택드림 청약통장으로 전환하면 기존 청약통장 가입 기간, 납입 인정 회차, 납입 금액은 그대로 인정합니다. 단, 선납하거나 연체일수가 있는 경우에는 전환한 청년 주택드림 청약통장에 반영되지 않습니다.

청약통장은 미납회차, 연체일수가 있더라도 나중에 여유가 될 때 돈을 납입하면 시간이 지나면서 순차적으로 인정을 받을 수 있습니다. 24회차까지 선납도 가능하지요. 하지만 청년 주택드림 청약통장으로 전환할 때는 인정하지 않기 때문에 미납회차, 연체일수를 모두 처리한 이후에 전환 신청을 해야 합니다. 미납회차나 연체일수에 대한 정보는 은행 앱 또는 은행 영업점에 방문해서 확인 가능합니다.

펀드와 ETF의 차이점은 무엇이죠?

예·적금 상품은 예금자보호한도 이내로만 가입하면 원금 손실 걱정이 없는 안전한 상품인데요. 안전한 대신 금리가 높지 않은 시기에는 수익률 측면에서 아쉬움도 있습니다. 수익률을 높이고 싶다면 예·적금 외에 투자도 고려하게 되는데요. 직접 주식 투자를 하는 건 부담이 된다면 펀드나 ETF가 대안이 될 수 있습니다. 투자 상품인 만큼 원금 손실의 가능성이 있다는 점도 꼭 기억해야 해요.

펀드는 금융 전문가인 펀드매니저가 다수의 개인 투자자에게 모은 돈을 대신 투자해서 수익을 내는 간접투자 상품이에요. 펀드의 종류도 굉장히 다양하기 때문에 분산 투자도 가능하고, 소액으로도 시작할 수 있습니다. 간접투자 형태라 편리하지만 대신 운용을 해주는 만큼 수수료가 발생한다는 점도 고려해야 합니다.

ETF는 Exchange Traded Fund의 약자로 상장지수펀드라고 해요. 코스피 지수와 같은 특정 주가지수의 수익률을 따라가는 펀드를 구성하고, 이를 거래소에 상장하여 주식처럼 실시간으로 매매할 수 있게 한 상품을 말합니다. 주식처럼 거래가 가능한 펀드라고 생각하면 이해하기가 쉽습니다. 상장지수펀드도 일반 펀드처럼 소액으로 주요 종목에 분산 투자하는 효과를 거둘 수 있습니다.

최초의 상장지수펀드는 S&P500지수 펀드로 1993년 1월 미국 증권거래소에서 시작했고요. 우리나라에는 2002년 10월 14일 상장지수펀드가 매매되기 시작했어요. 2009년 시행된 자본시장법으로 신종 ETF를 개발할 수 있는 법적인 요건이 마련되면서 다양한 ETF 상품이 늘어나고 있습니다.

펀드에는 어떤 종류가 있나요?

펀드는 주로 투자하는 자산의 유형에 따라 증권 펀드, 부동산 펀드, 특별자산 펀드, 혼합자산 펀드, MMF 등으로 구분이 되는데요. 증권 펀드에는 주식형, 채권형, 혼합형이 있습니다.

펀드 종류	내용
주식형	주식 비중이 60% 이상인 펀드
채권형	주식에는 투자하지 않고 채권 비중이 60% 이상인 펀드
혼합형	주식과 채권 모두 투자 가능. 주식 비중이 50% 이상이면 주식혼합형, 50% 미만이면 채권혼합형
부동산 펀드	부동산 관련 자산에 50% 초과해서 투자하는 펀드
특별자산 펀드	금, 원유, 곡물, 원자재 등 다양한 자산에 50% 초과해서 투자하는 펀드
혼합자산 펀드	증권, 부동산, 특별자산 등을 혼합해서 투자하는 펀드
MMF	Money Market Fund, 1년 이내 단기금융상품에 투자하는 펀드

펀드에 돈을 투자하는 방식에 따라서는 거치식 펀드와 적립식 펀드로 나뉘는데요. 거치식 펀드는 목돈을 한 번에 투자하는 방식이고, 적립식 펀드는 일정 기간 정해진 금액을 계속 투자하는 방식입니다.

펀드 수수료와 보수 확인하는 방법

펀드에 가입하거나 환매할 때 수수료가 발생하는데요. 가입할 때 내는 건 판매수수료, 환매할 때 내는 건 환매수수료이지요. 이 수수료는 한 번만 내면 되는 비용이고요. 수수료를 먼저 내면 선취수수료, 만기에 내면 후취 수수료라고 합니다.

보수는 펀드 가입 기간 동안 정기적으로 내야 하는 돈을 말해요. 펀드의 판매, 수탁, 운용, 사무 등에 관한 비용으로 펀드 납입 금액에서 자동 차감하지요. 펀드 수수료와 보수를 내는 방식에 따라서 펀드의 클래스가 달라집니다. A클래스는 가입 시 선취수수료를 내지만 매년 지불하는 보수는 상대적으로 적습니다. 반면 C클래스는 가입 시 선취수수료가 없지만 보수가 A클래스보다 높습니다. A클래스가 비용 측면에서는 장기투자에 유리해요.

출처: 우리WON뱅킹 앱

제가 가입한 펀드 상품을 살펴보면, 상품명 뒤에 알파벳이 적혀 있는데요. C-e에서 C는 C클래스를 의미하고, e는 온라인으로 가입한 클래스라는 뜻이에요. 온라인 클래스는 영업점에 방문해서 가입하는 것보다 수수료가 저렴합니다.

ETF에는 어떤 종류가 있나요?

가장 일반적인 ETF(상장지수펀드)는 특정 주가지수의 수익률을 추종하는 형태입니다. 추종하는 주가지수가 상승하면 이익을 얻고, 반대로 주가지수가 하락하면 손해를 보는 형태인데요. 다양한 ETF 종류 중에서 레버리지 ETF, 인버스 ETF에 대해 알아볼게요.

레버리지 ETF는 펀드에 들어온 돈으로 주식을 사고, 해당 주식을 담보로 제공하고 돈을 빌려서 투자 규모를 2배로 만드는 구조입니다. 추종하는 지수가 상승하면 레버리지 ETF는 2배 수익을 낼 수 있어요. 만약 100만 원을 레버리지 ETF에 투자하고 추종지수가 10% 상승하면 실제 수익률은 20%가 됩니다. 지수의 2배로 움직이기 때문에 수익도 손실도 2배라는 점을 고려해야 해요. 이 2배의 수익 또는 손실은 하루 기준입니다. 하루 수익률의 2배를 매일 정산한다고 이해하면 돼요.

레버리지 ETF에 투자하고 D+1일에 추종지수 수익률이 10%
올랐다가 D+2일에는 10% 내렸다고 예를 들어볼게요. 100만
원을 투자해서 D+1일에는 10%의 2배인 20% 수익률을 적용하
면 120만 원이 됩니다. D+2일에는 10%의 2배인 20%만큼 하
락했다고 계산해보면 레버리지 투자금은 96만 원이 돼요. 결과
적으로 투자자는 4만 원의 손실을 보게 됩니다.

투자일	투자금	추종지수 수익률	레버리지 수익률	레버리지 투자금
D+1일	100만 원	10%	20%	120만 원
D+2일	120만 원	-10%	-20%	96만 원
D+1, 2일 누적				-4만 원

레버리지 ETF는 장기투자보다는 단기투자에 적합한 상품이에
요. 단기적으로 지수가 오를 거라 판단했을 때 투자하면 가장
효과적입니다. 매일 가격이 오르고 내리는 변동성이 큰 상황에
서는 적합하지 않아요. 투자 위험도가 높은 만큼 신중하게 접근
해야 합니다.

인버스 ETF는 추종지수와 반대로 움직이는 ETF입니다. 인버스
ETF에 대해 이해하려면 '선물(futures)거래'의 개념을 먼저 알
아야 합니다.

선물거래

선물(futures)거래란 장래 일정 시점에 미리 정한 가격으로 매매할 것을 현재 시점에서 약정하는 거래로, 미래의 가치를 사고파는 것입니다. 선물의 가치가 현물시장에서 운용되는 기초자산(채권, 외환, 주식 등)의 가격 변동에 의해 파생적으로 결정되는 파생상품(derivatives) 거래의 일종이에요. 미리 정한 가격으로 매매를 약속한 것이기 때문에 가격변동 위험의 회피가 가능하다는 특징이 있습니다. 위험회피를 목적으로 출발하였으나, 고도의 첨단금융기법을 이용, 위험을 능동적으로 받아들임으로써 오히려 고수익·고위험 투자상품으로 발전했어요.

출처: 기획재정부 시사경제용어사전

주식 선물을 쉽게 설명하면 주가지수가 오를 거라 생각하는 사람과 하락할거라 생각하는 사람이 미래의 특정시점에 서로 결제하기로 약속하는 거에요. 미래에 주가지수가 오른다고 판단하면 선물을 매수하고, 반대로 주가지수가 하락한다고 판단하면 선물을 매도합니다. 선물을 미리 매도한 인버스 ETF 투자자는 예상한대로 지수가 하락하면 수익을 얻게 되고요. 예상과 다르게 지수가 상승하면 손해를 보는 방식입니다.

펀드와 ETF 투자는 공부가 뒷받침되어야 하는 만큼 천천히 투자를 고려하시길 바라요. 당장 투자하고 싶다면 비중을 낮춰서 소액으로만 접근하는 게 안전합니다.

IRP, ISA는
무엇인가요?

둘 다 세 글자이고 알파벳으로 되어 있어 헷갈릴 수 있지만 IRP와 ISA는 완전히 다른 상품이에요. IRP는 Individual Retirement Pension의 약자로 개인형 퇴직연금을 의미하고요. ISA는 Individual Savings Account의 약자로 개인종합자산관리계좌를 말합니다.

IRP를 더 자세히 알아보자

IRP는 근로자가 이직 또는 퇴직하면서 받은 퇴직금을 은퇴 시점까지 적립하고 운용할 수 있는 퇴직연금제도인데요. 추가로 여유자금을 납부해서 운용할 수도 있습니다. 퇴사 경험이 있는 분들은 한 번씩은 IRP 계좌를 만들어보셨을 거예요. 퇴직금을 받는 계좌로 많이들 알고 계시지요. IRP는 세액공제 혜택이 있는 대표적인 상품이라 매년 연말정산에서 돈을 돌려받고 싶다면 좋은 선택지 중 하나인데요. 소득이 일정 금액 이하라면 더 높은 공제 혜택을 받을 수 있어요.

IRP의 장단점

앞서 이야기한 세액공제 혜택 말고도 이자나 배당 수익에 대한 혜택도 있습니다. 우리가 예금이나 적금 상품에 가입해서 이자를 받으면 15.4%의 소득세가 부과되는데요. 주식이나 ETF 투자로 받는 배당소득에도 소득세가 발생하지요. 하지만 IRP로 운용한 금액에 대해서는 소득세가 발생하지 않아요. 대신 연금을 수령할 때 3.3%~5.5%의 연금 소득세를 내기는 합니다. 연금을 수령할 때도 세금 혜택이 있는데요. 퇴직금을 한 번에 수령할 때 IRP를 활용하면 퇴직 소득세의 무려 30%를 아낄 수 있습니다.

IRP에는 중대한 단점도 존재하는데요. 연금은 만 55세 이후부터 수령이 가능합니다. 그 전에 중도해지를 하면 기타소득으로 분류가 되어 16.5%의 세율이 적용돼요. 살면서 목돈이 필요한 순간이 생기기 마련입니다. 웬만큼 급한 상황이 아니면 절대 해지하지 않고 유지할 수 있겠다는 수준의 여윳돈만 납입을 해야 손해가 없습니다.

ISA를 더 자세히 알아보자

ISA는 개인종합자산관리계좌라는 이름처럼 예·적금뿐만 아니라 국내 상장 주식, 펀드, 파생상품 등 다양한 금융상품을 하나의 계좌로 관리할 수 있는 상품이에요. 2016년에 도입된 대표적인 비과세 상품이에요. 만 19세 이상이면 누구나 가입할 수 있고, 매년 2,000만 원씩 최대 1억 원까지 납입할 수 있는데요. 한 번 가입하면 3년의 의무 기간이 적용됩니다.

만약 3년이 되기 전에 중도 해지하면 그동안 받은 세금 혜택을 토해내야 한다는 점을 고려해야 해요. 가입 기간 동안 발생한 수익 중에서 200만 원까지는 비과세를 적용하고, 200만 원을 초과하는 수익에 대해서는 9.9%의 세율을 적용합니다. 일반과세 15.4%보다 낮은 수준이지요. 만약 400만 원의 수익이 발생한다면 200만 원에 대해서는 비과세, 나머지 200만 원에 9.9% 세율을 적용해서 198,000원의 세금만 내면 됩니다.

ISA 유형

일반형	서민형	농어민형
만 19세 이상 누구나(근로소득 있는 만 15세 이상 개인)	근로소득 5,000만 원 이하 또는 종합소득 3,800만 원 이하 개인	종합소득 3,800만 원 이하 개인
수익 200만 원까지 비과세	수익 400만 원까지 비과세	수익 400만 원까지 비과세

ISA 투자 예시

일반형 가입자, 주식 배당 500만 원, 주식 손실 300만 원, 예금 이자 100만 원인 경우

순이익 300만 원 = 500만 원 − 300만 원 + 100만 원

순이익 300만 원 중 200만 원은 비과세, 나머지 100만 원은 9.9% 분리과세로 총 99,000원 세금 납부

ISA의 종류

ISA는 운용방식에 따라 일임형, 신탁형, 중개형이 있습니다. 일임형은 투자회사가 고객의 투자 성향에 맞게 포트폴리오를 정하고 운용합니다. 신탁형과 중개형은 고객이 직접 운용을 할 수 있습니다. 신탁형은 금융회사에 운용지시를 내리고, 중개형은

완전히 직접 운용한다는 차이가 있어요.

구분	일임형	신탁형	중개형
운용 주체	투자회사 운용	고객 직접 운용(운용 지시 필요)	고객 직접 운용

ISA의 장단점

ISA는 장점이 매우 많은 상품입니다. 일반형은 수익 200만 원까지 비과세, 서민형과 농민형은 수익 400만 원까지 비과세 혜택이 있고요. 비과세 기준을 초과하는 수익도 9.9% 분리 과세로 절세 효과가 있습니다. 투자 할 수 있는 상품도 다양해서 포트폴리오를 구성하기에 적절하지요.

하지만 3년의 의무가입기간이 있어서 중도에 해지 시 비과세 혜택을 받을 수 없습니다. ISA 계좌에 납입 가능한 한도도 2,000만 원으로 정해져 있어요. 그래도 올해 사용하지 않은 한도가 있다면 다음 해로 이월이 되는 점은 다행입니다.

IRP나 ISA는 세금 혜택 측면에서 의미가 있는 상품입니다. 지금 당장 가입해서 활용하지는 않더라도 개념을 알고 있는 것과 모르는 것은 큰 차이가 있습니다. 정부에서 절세 계좌에 대한 지원을 확대하는 방안을 추진 중인 만큼 조금씩 관심을 가져보시길 바랍니다.

대출은 무조건
나쁜 거 아닌가요?

부모님 세대는 대출에 대해 부정적인 생각을 가진 분들이 많습니다. 부정적 생각까지는 아니더라도 더 조심스러워하시는 것은 사실입니다. 1997년 외환위기나 2008년 리먼브라더스 사태 등을 겪으면서 살고 있던 집이 경매로 넘어가고 사람들이 파산하는 모습을 보셨거든요.

하지만 대출을 나쁘게만 생각하는 건 좋지 않습니다. 대출은 하나의 상품일 뿐이고, 이 상품을 어떻게 잘 활용하는지에 따라 재테크의 방향이 달라집니다. 당장 전·월셋집을 구하는데도 대출이 필요한 경우가 많습니다. 영혼까지 끌어모아 집을 구매한 사람들을 '영끌족'이라고 하는데요. 부동산 가격이 하락하는 시기에는 대출에 대한 부담이 커집니다. 금리가 계속 상승하는 시기라면 매월 내야 할 이자도 부담스럽고요.

반면 부동산 가격이 오르는 시기에는 적은 자금으로 많은 대출을 받아 수익을 올릴 수도 있습니다. 대출을 활용해서 투자 수익률을 높이는 전략을 '레버리지'라고 하는데요. 대출금리가 5% 이상으로 오른다고 해도 그 이상의 수익을 올릴 수 있다면 계속 대출을 유지할 수 있습니다. 대출금리를 감당할 수 없다면 금리가 높은 순서대로 갚아 나가야겠지요.

레버리지란?

레버리지는 '지렛대'라는 뜻으로 금융에서는 자본금을 지렛대로 삼아 더 많은 외부 자금을 차입하는 것을 말합니다. 레버리지 비율이 높을수록 자기자본대비 부채비율이 높다는 뜻이에요. 적절한 레버리지는 투자의 효율성을 높이기도 하고 경영의 측면에서는 기업 운영의 효율성을 높이는 긍정적인 효과를 가지는 반면, 투자가 실패로 돌아갈 경우에는 투자 손실을 확대하는 요인으로 작용하기도 하는 등 부작용을 가집니다. 디레버리지는 레버리지와 반대로 부채비율을 줄여나가는 것을 말합니다.

출처: 기획재정부 시사경제용어사전

버팀목전세자금대출과 같은 정책 대출을 활용하면 저렴한 금리로 거주할 집을 구할 수 있습니다. 물론 아무 집이나 계약하면 안 되고, 전세보증보험 가입을 하는 등 신중하게 접근해야 해요. 깡통 전세나 전세 사기 문제에 휘말리지 않도록 꼼꼼하게 체크해야 합니다.

직접 해본 가장 안전한 레버리지 투자는 예·적금 담보대출을 활용한 건이었어요. 예를 들어 만기가 2달 남은 연 2% 금리를 제공하는 예금 상품에 가입한 상태에서 한시적으로 판매하는 연 5% 특판 예금이 나왔다고 가정을 해볼게요. 이 경우 만기가 2달밖에 남지 않은 예금을 해지하고 새로 가입해야 할까요? 아니면 아쉽지만 연 5% 특판 예금을 포기해야 할까요? 예금담보대출 상품을 활용하면 기존 예금의 만기와 특판 예금 가입이라는 두 마리 토끼를 모두 잡을 수 있습니다.

1,000만 원, 연 2% 정기예금, 1년 가입 시 세전 이자: 200,000원

STEP1 950만 원, 연 3% 금리, 예금담보대출 2개월 이자: 47,500원

STEP2 950만 원으로 연 4% 정기예금 가입

대출 상품의 종류는 무엇이 있나요?

대출은 급하게 현금이 필요하거나 내가 지금 가지고 있는 자산보다 큰돈이 필요한 경우, 금융회사에 약정한 기간에 돈을 갚겠다는 약속을 하고 돈을 빌리는 행위입니다. 시중에는 굉장히 많은 대출 상품이 있기 때문에 공부를 해야 시기적절하게 대출을 활용할 수 있습니다. 대출을 잘못 사용하면 큰 화를 입을 수 있지만, 제대로만 사용하면 돈을 절약하고 수익률도 높일 수 있습니다.

신용대출을 더 자세히 알아보자

신용대출은 개인의 신용 상태에 따라 대출한도와 금리가 결정됩니다. 금융회사는 고객의 재무 상황과 과거 상환 이력 등을 판단해서 대출을 해줘도 될지, 얼마까지 가능할지, 금리는 몇 %

로 할지 등을 정합니다.

신용대출

신용대출은 담보, 보증인 없이 본인의 신용만으로 대출받는 것으로 금융회사는 신용대출 대상의 직업, 소득, 해당 금융기관과의 거래 실적, 인적 사항, 재산 상태, 자동이체 항목 수 등을 개인신용평가 제도(CSS: Credit Scoring System)에 따라 종합적으로 분석한 후 대출 여부와 대출한도를 결정합니다.

출처: 금융감독원

신용대출 상품은 일반신용대출(건별 대출)과 마이너스통장이라 불리는 한도 대출이 있습니다. 건별 대출은 대출을 실행하면 약정한 대출금을 한 번에 지급합니다. 1,000만 원 한도가 나왔다면 해당 금액을 한 번에 빌려주는 방식이지요. 마이너스통장은 정해진 대출 한도 내에서 필요한 시기에 필요한 만큼 대출금을 인출했다가 상환할 수 있습니다. 1,000만 원 한도의 마이너스통장에서 800만 원을 인출해서 사용하면 계좌의 총잔액은 마이너스로 표기가 되고, 출금가능금액은 1,000만 원 - 800만 원 = 200만 원이 됩니다. 여윳돈이 생겨서 100만 원을 계좌에 다시 넣으면 총잔액은 -700만 원, 출금가능금액은 300만 원입니다.

AAA 계좌

계좌번호 123-1234-5678

총잔액 -8,000,000원

출금가능금액 2,000,000원

신용대출은 직장인 전용대출, 전문직 고객을 대상으로 한 대출, 중/저신용자도 가능한 서민금융상품, 소액을 대출해주는 비상금대출 등 다양한 종류가 있습니다.

신용대출 기준

소득 구분		내용
소득 有	급여소득자	급여소득에 대한 증빙을 통해 대출 가능
	직장 기준	재직중인 기업·기관에 따라 대출조건 상이
	직종 기준	종사하는 직종에 따라 대출조건 상이
	사업소득자	사업소득에 대한 증빙을 통해 대출 가능
소득 無	거래실적	금융기관 거래 기간·규모·실적 등을 종합적으로 판단하여 신용을 인정받아 대출 가능

출처: 은행연합회 소비자포털

담보대출을 더 자세히 알아보자

담보대출은 담보물의 가치를 바탕으로 대출을 진행합니다. 담보대출은 부동산이나 경제적으로 가치가 있는 자산을 담보로 설정하고 대출한도와 대출금리를 결정하는데요.

예를 들어 대출 고객이 1억 원 상당의 부동산을 가지고 있다면, 7,000만 원의 대출이 가능하다고 가정합시다. 고객이 대출금을 갚지 못하는 상황이 발생하면 금융회사는 1억 원 상당의 부동산을 처분해서 대출금을 회수하지요. 실제 담보가 존재하기 때문에 동일한 조건이라면 신용대출보다 대출금리가 낮습니다. 대표적인 담보대출 상품으로는 주택담보대출, 예·적금 담보대출, 주식 담보대출, 보험약관대출, 자동차 담보대출 등이 있습니다.

주택담보대출은 말 그대로 집을 담보로 금융회사에서 구입자금을 대출받는 방식이에요. 담보물인 집의 가치와 대출 고객의 소득, 상환 능력 등을 종합적으로 판단해서 대출해줍니다.

보험약관대출은 보유한 보험에 대해 지금까지 납입한 보험료를 담보로 해서 일정한 금액을 한도로 정하고 보험회사에 대출받는 상품입니다.

전세대출을 더 자세히 알아보자

전세제도는 한국의 독특한 임대차 제도입니다. 세입자가 집주인에게 집값의 약 50%~80% 수준의 보증금을 내고 계약서에 명시된 기간 거주하는 방식인데요. 전세로 들어가기 위해 필요한 보증금의 액수가 크다 보니 전세대출을 받아 돈을 마련하는 경우가 많습니다. 깡통전세나 전세 사기가 늘어나면서 전세보다는 반전세 또는 월세로 계약하는 사례가 늘어나고 있습니다.

전세대출상품은 크게 정부 지원 대상 조건이 되면 받을 수 있는 기금대출과 일반 금융회사를 통한 대출로 나뉩니다. 기금대출은 버팀목전세자금대출이 대표적이고요. 중소기업취업청년을 위한 전월세보증금대출, 신혼부부 전용 전세자금 대출 등이 있습니다. 주택도시기금 사이트의 주택전세자금계산마법사 서비스에 접속해서 대출 신청 자격 문항에 답변하면 본인에게 가장 적합한 전세자금대출 상품을 추천해줍니다. 일반 금융회사보다 저렴한 대출금리를 적용하는 만큼 소득이나 자산 조건이 까다롭다는 점을 기억하세요.

전세대출을 포함한 대출 종류별, 금융회사별 대출 상품은 금융감독원의 금융상품한눈에 사이트(https://finlife.fss.or.kr)에서도 확인할 수 있습니다.

출처: 주택도시기금 주택전세자금계산마법사

출처: 금융감독원 금융상품한눈에

보험에 꼭 가입 해야 하나요?

보험은 우리가 살면서 다치거나 아팠을 때 필요한 금융 장치입니다. 상법 제638조(보험계약의 의의)에 따르면 보험계약이란 당사자 한쪽이 약정한 보험료를 내고 재산 또는 생명이나 신체에 불확실한 사고가 발생할 경우 상대방이 일정한 보험금이나 그 밖의 급여를 약정함으로써 효과가 생기는 계약이라고 해요.

보험료 VS 보험금

보험료는 보험 계약자(가입자)가 매월 정해진 날짜에 납입하기로 한 금액을 말해요. 계약자가 보험회사에 내는 돈이라고 생각하면 이해하기가 쉽습니다. 보험금은 보험금을 지급해야 할 사유가 발생했을 때 보험회사가 지급하는 돈을 말합니다.

직장에 다니고 있다면 월급의 일부를 보험료로 내고 있으실 텐

데요. 아직 소득이 없더라도 부모님이 대신 가입해서 보험료를 내주시는 경우도 많습니다.

보험을 가지고 있으면 혹시 모를 위험한 상황이 발생했을 때 경제적인 부담을 줄일 수 있습니다. 하지만 너무 많은 보험 상품에 가입할 경우, 매월 내야 하는 보험료의 부담이 커지기 때문에 개인의 상황에 맞게 조절해야 해요.

가입하는 사람의 나이, 소득, 건강, 가족 병력, 생활 습관 등 여러 요인에 따라 필요한 보험도 달라지는데요. 매월 납입할 보험료를 결정할 때는 소득이 중요한 요소 중 하나입니다. 소득이 많은 사람이라면 상대적으로 더 많은 보험 상품에 가입하는 게 좋습니다.

만약 예기치 않은 사고로 일정 기간 일을 할 수 없게 된 경우에도 사고 이전과 동일한 생활 수준을 유지하기 위해서예요. 소득이 많은 가구가 아무래도 소비도 많이 하겠죠? 그렇다면 소득의 몇 %를 월 보험료로 납부하면 좋을까요? 직계가족 중 2명 이상이 동일한 질환을 앓는 가족 병력이 있거나 개인의 상황에 따라 다르지만, 소득의 5~10% 수준으로 납부하면 괜찮습니다.

월급이 300만 원이라면 월 15~30만 원 정도의 보험료를 내는 거죠. 월 15만 원이 크지 않다고 느낄 수 있는데요. 매월 15만 원씩 20년 동안 낸다고 생각하면, 총보험료는 무려 3,600만 원이 됩니다. 보험 상품에 가입할 때 총 납입해야 할 보험료 기준으로 고민하면 좀 더 신중한 결정이 가능합니다.

어떤 보험에 가입하면 좋을까요? 이 역시 개인의 상황에 따라 다르지만, 한국인의 사망원인 순서로 살펴보면 의미가 있습니다. 통계청의 2021년 사망원인통계 결과에 따르면 26%가 암이고, 9.9%가 심장 질환, 폐렴과 뇌혈관 질환이 다음입니다. 암보험과 실비보험이라 부르는 실손의료보험 상품을 먼저 준비하고 그 외 추가로 보장이 필요한 부분을 찾아보는 게 일반적이지요. 보험 상품의 종류는 아주 다양하기 때문에 대표적인 상품 위주로 소개하겠습니다. 그 전에 보험 계약과 관련된 용어에 대해 알아볼게요.

보험계약자	회사와 계약을 체결하고 보험료를 납입할 의무를 지는 사람
보험수익자	보험금 지급 사유가 발생하는 때에 회사에 보험금을 청구하여 받을 수 있는 사람
보험증권	계약의 성립과 그 내용을 증명하기 위해 회사가 계약자에게 주는 증서
피보험자	보험사고의 대상이 되는 사람

출처: 보험업감독업무시행세칙, [별표15] 표준약관

자동차보험은 피보험자가 소유·사용 또는 관리하는 동안 발생한 사고로 생긴 손해를 보상하는 보험이에요. 자동차보험은 대인배상Ⅰ, 대인배상Ⅱ, 대물배상, 자기신체사고, 자기차량손해/자동차상해 그리고 무보험자동차 상해로 구성되어 있습니다. 자동차보험은 등록된 차량으로 운전하려면 의무 가입해야 해요. 자동차손해배상 보장법 제8조(운행의 금지)에 따르면 의무보험에 가입되어 있지 않은 자동차는 도로에서 운행해서는 안 된다는 내용이 있습니다. 자동차보험의 보장 기간은 보통 1년이고, 매년 갱신해야 합니다. 6가지 담보 종목 중에서 대인배상Ⅰ은 의무보험이고, 대물배상도 2,000만 원 이상 의무적으로 가입해야 해요. 대물배상은 금액을 더 올려서 가입하는 게 좋고, 자기신체사고 보다는 자동차상해가 보장범위가 더 넓습니다. 나머지 담보 종목도 의무는 아니지만 담보 설정을 하는 게 안전합니다.

담보 종목	보상 내용
대인배상Ⅰ(의무보험)	자동차 사고로 다른 사람을 죽게 하거나 다치게 한 경우 「자동차손해배상보장법」에서 정한 한도에서 보상(의무보험)
대인배상Ⅱ	자동차 사고로 다른 사람을 죽게 하거나 다치게 한 경우, 그 손해가 대인배상Ⅰ에서 지급하는 금액을 초과하면 그 초과 손해를 보상

담보 종목	보상 내용
대물배상	자동차 사고로 다른 사람의 재물을 없애거나 훼손한 경우 보상(2,000만 원 이상 의무가입)
자기신체사고/자동차상해	피보험자가 피보험자동차 사고로 인해 다친 경우 보상
자기차량손해	피보험자동차에 생긴 손해를 보상
무보험자동차상해	무보험자동차에 의해 입은 손해를 보상

암보험은 암으로 인한 진단비, 입원비, 수술비 등을 보장하는 보험이에요. 일반적으로 90일의 면책 기간이 있어서 가입 직후 암에 걸릴 경우 보험금을 받지 못할 수 있습니다. 암보험 상품에 따라 가입 후 1~2년 이내에 암 진단을 받을 경우 보장 금액의 일부만 받게 될 수도 있어요. 암 진단을 받으면 치료 과정에서 시간적, 경제적인 부담이 크기 때문에 가입을 고려해보세요. 암보험 상품을 선택할 때는 '암 진단비' 보장을 중심으로 선택하고, 보험료 비갱신형 상품을 고르는 방법이 장기적으로 유리합니다.

실손의료보험은 실비보험이라고도 하며, 피보험자가 질병이나 상해로 입원 또는 통원 치료를 받은 이후 실제 부담한 의료비를 보험회사가 보상하는 보험입니다. 2021년 7월부터는 4세대 실손의료보험을 판매하고 있습니다. 가입 담보는 기본형(급여)과

특약(비급여)으로 나뉩니다.

기본형	특약
상해 급여, 질병 급여	상해 비급여, 질병 비급여, 3대 비급여

실비보험 하면 가장 먼저 떠오르는 도수치료, 체외충격파 치료, 주사 치료 등은 3대 비급여에 속하기 때문에 가격이 조금 더 저렴하다고 기본형만 가입하지 말고 비급여 항목까지 잘 확인해서 가입하시길 바라요. 실비보험은 어린 시절에 부모님이 본인을 대신해서 가입해준 경우가 많은데요. 기존에 가입한 실비보험의 자기 부담률이 낮은 상품이라면 그대로 유지하는 게 유리할 수 있습니다.

어린이보험은 성장기 자녀에게 발생할 수 있는 질병과 상해 위험을 보장하는 보험이에요. 어린이라는 이름을 달고 있지만 상품에 따라서 20대 어른이도 가입할 수 있습니다. 성인임에도 어린이 보험 상품에 가입하는 사람을 어른이라고 합니다.

보험사마다 다르지만, 보험 나이 기준 30세나 35세까지도 가입이 가능한데요. 일반 성인용 보험 상품보다 보험료가 저렴해서 실속 있다는 이야기가 많습니다. 하지만 어린이 보험도 보장 내용을 계속 추가하다 보면 보험료가 올라가서 큰 차이가 없기도 하고, 성인 질병에 대한 보장은 상대적으로 부족할 수도 있다는 점을 고려해야 합니다.

보험 나이 계산 방법

보험 나이는 계약일 현재 피보험자의 실제 만 나이를 기준으로 6개월 미만은 버리고 6개월 이상은 1년을 더하면 됩니다.

생년월일: 1988년 3월 1일, 보험계약일: 2025년 1월 1일

2025년 1월 1일 – 1988년 3월 1일 = 36년 10개월 = 보험 나이 37세

보험 다이어트
들어보셨나요?

매달 지출하는 내역을 정리해보면 보험료가 부담스럽게 느껴질 때가 있습니다. 월급은 그대로인데 지출할 곳은 뭐가 그리 많은 지 걱정이 많아요. 계속 오르는 물가도 부담입니다. 여러분은 가입한 보험이 몇 개인지, 어떤 보장 내용을 가졌는지 알고 있나요? 이렇게 이야기하니 보험을 판매하는 설계사 같은 느낌인데요. 절대 특정 보험 상품을 추천하거나 판매 권유하지 않으니 걱정하지 않아도 됩니다.

보험 다이어트는 여러분이 가입한 보험들이 꼭 필요한 지 확인하고, 불필요한 부분이 있다면 줄이는 걸 말해요. 보험 리모델링이라는 용어도 많이 사용하지요. 일단은 내가 가입한 보험이 몇 개나 되는지 확인해봅시다. 생명보험협회와 손해보험협회에서는 사용자가 가입한 모든 보험 계약을 한 번에 조회할 수 있는 '내보험 찾아줌' 서비스(https://cont.insure.or.kr)를 운영하고 있어요. 개인정보를 입력하고 인증 과정을 거치면 가입한 모든 보험을 조회할 수 있습니다. 내보험 찾아줌 서비스로 조회 했다고 보험 가입 권유 전화가 오는 게 아니니 걱정하지 않으셔 도 됩니다.

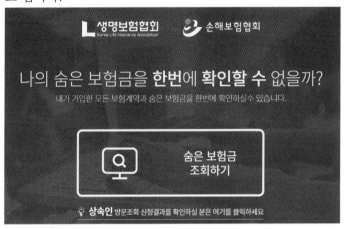

조회신청

보험가입 내역과 숨은보험금 내역을 조회하실 수 있습니다.

안내   조회신청

| STEP01 본인인증 | STEP02 정보동의 | STEP03 결과확인 |

▌개인(신용)정보의 수집·이용 등에 관한 동의

* 귀하는 개인(신용)정보의 수집·이용 및 제공, 조회에 관한 동의를 거부하실 수 있습니다.
  다만, 본 동의는 '보험가입·미청구보험금 조회'를 위해 필수적인 사항이므로 동의를 거부하시는 경우 관련 업무수행이 불가능합니다.

① 수집·이용에 관한 사항	
수집·이용 목적	- 보험가입미청구보험금 조회
보유 및 이용기간	- 수집이용 동의일로부터 3년

가입한 보험 내역이 한 번에 나와서 굉장히 편리합니다. 내가
가입한 보험이 몇 개나 되고 매달 얼마의 보험료를 내고 있는지
부터 파악을 해야 해요.

결과확인

보험가입 내역과 숨은보험금 내역을 조회하실 수 있습니다.

안내   조회신청

| STEP01 본인인증 | STEP02 정보동의 | STEP03 결과확인 |

님의 보험가입 조회가 완료되었습니다.

▌기본사항

접수번호	접수일자	조회 대상자 인적사항		신청인 성명
		성명	주민등록번호	
	2023-01-28			

▌보험가입내역 조회결과   총 3건

보험회사	구분	상품명	증권(계좌) 번호	보험계약 상태	보험계약 관계	보험기간		담당점포	전화번호
						시작일	종료일		
DB손해보험	손해보험	다이렉트 실손의료비보험2107 (CM)		유지	보험계약자	2021-10-04	2026-10-04	인터넷장기 직급	

출처: 내보험 찾아줌 서비스

보험 다이어트는 굉장히 신중하게 접근해야 하는 영역이에요. 무료로 보험 다이어트 혹은 보험 리모델링을 해주겠다고 접근해서 기존 보험은 무조건 해지하고 새로운 상품으로 가입하라고 유도하는 나쁜 설계사들도 있기 때문입니다. 화려한 미사여구를 내세워서 이전보다 월 납입보험료가 30만 원에서 15만 원으로 절반이나 줄어드는 효과가 있다고 추천을 하더라도 바로 넘어가서는 안 됩니다.

보험은 몇 달 내고 끝나는 상품이 아니지요. 단기로 가입하는 여행자보험은 제외하고 대부분 보험은 20년 이상 납입을 해야 완납이 되는데요. 한 달에 15만 원이면 20년 동안 총 3,600만 원의 보험료를 내야 해요. 만약 해지를 권유받은 기존 상품의 완납이 얼마 남지 않은 경우라면 그냥 유지하는 게 유리할 수도 있습니다.

가입한 보험이 80세까지밖에 보장이 안 되니 100세 만기로 가입하라는 권유에도 그냥 넘어가면 안 돼요. 돈에 여유가 있다면 상관없겠지만 100세 만기는 80세 만기보다 당연히 보험료가 비쌉니다.

반면 나중에 받게 되는 보험금의 가치는 크지 않을 수 있어요. 예를 들어 암 진단비 5,000만 원을 받는 보험에 가입했다고 가정해볼게요. 지금 5,000만 원은 큰돈이지만, 물가 상승이 계속되는 상황에서 내가 99세에 암에 걸려서 보험금을 받게 된다면 어떨까요? 5~60년 뒤의 5,000만 원이 지금의 가치가 있을까요? 기존 80세 만기 상품을 유지하면서 노후를 대비해 저축하고 투자하는 게 더 낫습니다.

월 보험료를 줄이고 싶다면 갱신형 특약을 삭제하는 게 좋습니다. 단, 갱신형만 가입 가능할 수 있는 실비보험은 제외하고요. 젊을 때는 갱신형 특약이 있어도 보험료가 적은데요. 나이가 들수록 깜짝 놀랄 만큼 보험료가 많이 올라가는 특징이 있습니다.

가입 시점에는 비갱신형보다 저렴하다고 생각하겠지만 3년 또는 5년마다 몇만 원씩 올라가는 보험료를 보면 굉장히 부담스럽지요. 특히 종합보험의 담보 항목을 살펴보면 미처 확인하지 못했던 갱신형 특약이 많이 들어가 있는 걸 확인할 수 있어요.

경제적으로 여유가 없는 상황이라면 비싼 종합보험, 종신보험은 피하세요. 한 달에 수십만 원의 보험료를 20년 이상 납입하는 건 굉장히 어려운 일입니다. 중도에 해지하게 되면 해지환급금이 적거나 없을 수도 있습니다.

매월 내는 보험료가 부담스럽다면 1순위로는 실비보험이라고 부르는 실손의료보험에 가입하고요. 2순위로는 암 진단비가

3,000만 원 이상인 암보험 상품입니다. 보험은 꼭 필요한 상품 위주로 가입하고 나머지는 저축 또는 투자를 통해 돈을 굴리시는 걸 추천합니다.

국민연금, 건강보험 가입은 필수인가요?

국민연금은 노후를 위해 국가에서 시행하는 사회보장제도입니다. 18세 이상 60세 미만의 국민이라면 국민연금에 가입해야 해요. 단, 공무원, 군인, 교직원 등 다른 법을 적용하는 직업은 제외해요. 의무 가입을 하지 않으면 국민연금에 가입하지 않는 사람도 생기기 때문에 모든 국민을 대상으로 하는 강제성이 있습니다. 형편이 어려운 사람은 지금 생활이 너무 어렵다는 이유로 가입하지 않을 수 있고요. 여유가 있는 사람도 당장 노후 준비를 할 필요는 없다는 이유로 국민연금 가입을 피할 수 있기 때문이에요.

국민연금은 소득재분배로 사회통합에 기여하는 측면이 있습니다. 소득이 많은 경우 더 많은 연금보험료를 내게 되는데요. 저소득층은 낸 보험료에 비해 상대적으로 많은 연금을 받고, 고소득층은 상대적으로 적은 연금을 받는 구조로 되어 있어 소득 재분배 효과가 있습니다.

또 다른 특징으로는 미래세대가 현재의 노인 세대를 지원하는 구조로 되어 있습니다. 출산율이 일정 수준 유지가 된다면 미래 세대의 부담이 크지 않겠지만, 우리나라의 합계출산율은 2023년 0.72명까지 떨어졌습니다. 출산율의 하락은 급격한 고령사회라는 결과로 이어지는데요. 통계청 자료에 따르면 국내 고령 인구는 매년 증가하는 추세입니다. 미래세대의 감소로 연금보험료를 낼 사람은 줄어드는데, 연금을 수령할 노인 세대는 빠르게 증가하고 있습니다. 이대로 가면 국민연금이 2055년에 고갈될 것이라는 전망도 나왔는데요. 만 60세까지 힘들게 연금보험료를 납부해도 연금이 고갈되어 받을 게 없다는 청년층의 불만도 커지고 있습니다.

국민건강보험제도는 질병이나 사고로 발생한 진료비가 가계에 부담이 되지 않도록 의료서비스를 제공하는 사회보장제도입니다. 국민건강보험법 제5조(적용 대상 등)에 따르면 국내에 거주하는 국민은 건강보험 가입자 또는 피부양자가 됩니다. 법적 요건이 충족되면 건강보험에 의무적으로 가입하도록 정해져 있습니다. 건강보험 가입자는 직장가입자와 지역가입자로 나뉘는데요. 사업장에서 일하는 근로자, 공무원, 교직원 등은 직장가입자가 됩니다. 직장가입자나 피부양자가 아닌 사람은 지역가입자입니다. 개인 사업을 하는 자영업자는 지역가입자가 되겠지요. 피부양자는 직장가입자에게 주로 생계를 의지하는 사람으로 소득과 재산이 일정 기준 이하에 해당하는 경우 해당합니다.

국민건강보험은 소득 수준이 높을수록 더 많은 보험료를 내는데요. 민간 보험은 보험료를 많이 내면 더 큰 보장을 받지만, 건강보험은 사회보험이라 낸 보험료와 상관없이 균등한 보장을 받습니다.

퇴직이나 실직 등의 사유로 국민연금 보험료를 납부하기 어려운 상황에 부닥치는 경우 국민연금공단 전자민원서비스 〉 개인서비스 〉 신고/신청 메뉴에서 소득 없는 개인의 납부예외 신청을 하면 직원 확인 후 처리가 됩니다.

출처: 국민연금공단 전자민원서비스

퇴사 후 건강보험 직장가입자 자격을 상실하면 지역가입자로 전환이 되는데요. 지역가입자 보험료가 직장에 다닐 때보다 더 많이 나올 수도 있습니다. 가족 중에 직장가입자가 있다면 피부양자로 들어가는 방법을 가장 먼저 고려해보세요. 피부양자는 건강보험료가 부과되지 않는다는 점을 기억해두세요.

PART 03

소확행
이란
이름의
자기
합리화는
그만!

돈 벌어서 다 쓸 거면 왜 그렇게 열심히 일을 하나요?

매달 열심히 일해서 돈은 벌지만 항상 계좌 잔고가 바닥을 보이는 분들이 있습니다. 정기적인 수입이 없는 경우는 차라리 이해가 됩니다. 수입이 없는 기간에는 기존에 모았던 돈을 쓸 수밖에 없으니까요. 그런데, 꾸준히 일해도 당장 이번 달 카드 값을 걱정하는 분들도 많습니다. 여러분은 아래 2가지 선택지 중에 어떤 항목을 선호하시나요?

"
스트레스 받으면서 힘들게 많이 일해서 번 돈 다 쓰기

vs

적은 스트레스로 여유롭고 적게 일해서 번 돈 다 쓰기
"

저는 어차피 둘 다 계좌에 돈이 없는 상황이라면, 스트레스 덜 받으면서 적게 일하고 적게 쓰는 쪽을 선택하는데요. 이런 반론이 있을 수 있습니다.

"커리어를 위해서는 일을 줄이는 건 불가능해요", "번 돈을 다 쓰기는 했지만 나를 위한 선물이었어요", "그럼 스트레스를 어떻게 풀어야 하나요?"

커리어를 위해 일을 줄일 수 없는 것과 돈을 모으지 못하는 건 관련이 없습니다. 돈이 없는 이유는 번 돈을 다 썼기 때문입니다. 야근비를 주는 회사에서 일을 많이 하면 더 많은 급여를 받습니다. 설령, 야근비가 없는 회사라도 매일 늦게 퇴근하면 생각보다 돈을 쓸 시간이 없습니다. 하지만 퇴근길에 스트레스를 참지 못하고 이것저것 소비를 했다면 없을 수 있겠지요.

저는 마지막에 다닌 회사에서 야근비를 받으면서 많은 일을 했습니다. 주말 출근한 날도 많았고요. 야근비만 월 100만 원 이상 받기도 했는데요. 월 100만 원의 야근비를 받으면서 머릿속에 든 생각은 '아, 100만 원만큼 빨리 퇴사할 수 있겠구나' 였습니다. 300만 원의 보너스를 받을 때는 '아, 세 달 정도 빨리 퇴사해도 되겠구나'라고 생각했어요.

퇴사 생각이 없고 계속 커리어를 이어갈 예정이라도 매달 일정 금액의 저축이 필요합니다. 살고 있는 집의 임대인이 갑자기 재

계약 시 더 많은 보증금과 월세를 요구할 수도 있고요. 무리하게 일하다 건강에 문제가 생길 가능성도 있습니다. 20대에는 밤을 새워도 다음날 활동이 가능했지만, 이제는 하룻밤만 새도 3일 동안 몽롱한 상태가 지속됩니다. 갑자기 부모님의 건강이 나빠지는 상황이 발생할 수도 있어요. 회사를 그만두게 되는 상황도 있습니다. 경제 상황이 어려우면 기업은 인력 감축 계획을 세우지요.

소비를 해야지만 스트레스를 해소하는 방법도 고민해야 합니다. 골프, 테니스뿐만 아니라 1:1 헬스 PT, 필라테스 개인지도를 받는 것도 매우 큰 소비입니다. 개인지도 한 번에 6만 원을 지출한다고 가정해 볼게요. 내가 하루에 8시간을 일해서 12만 원을 벌고 퇴근 후 개인지도로 1시간에 6만 원을 지출하면 남는 돈은 6만 원입니다. 회사에서 반나절씩이나 일한 돈을 단 1시간만에 쓴 셈입니다. 뻐근한 목과 허리를 교정하기 위해 번 돈의 절반을 사용하는 게 올바른 지 고민해봐야 합니다. 자세 교정 주제의 유튜브 영상을 활용해서 홈트레이닝도 고려해 보세요. 집에서 하니 자세가 올바른지 의구심이 든다면, 목표로 정한 목돈 모으기 성공 시 보상으로 한 번씩 개인지도를 받는 방법도 좋습니다.

외부 활동을 선호하면 등산이나 달리기를 추천합니다. 특히 요즘 달리기가 유행이지요. 불황형 스포츠라는 이야기도 나오는 데요. 러닝화 한 켤레만 있다면 바로 달리기를 시작할 수 있지요. 선수용 러닝화를 50~60만 원 주고 사지 마시고요. 나이키, 아디다스, 아식스 등 스포츠 브랜드의 일반 러닝화 상품으로 충분히 시작할 수 있습니다. 등산도 마찬가지입니다. 에베레스트 등반할 게 아니라면, 국내에서 등산을 위해 아크테릭스, 캐나다구스같은 고급 브랜드는 필요하지 않아요.

열심히 벌어서 많이 쓰기보단 느긋하게 적게 벌어도 적게 쓰는 걸 선호하는 건 제 성향이기도 합니다. 저는 건강하게 살다 죽고 싶거든요. 어떤 성향이든 돈을 버는 건 어려운 일이고, 어렵게 돈을 번 만큼 비상 상황을 대비한 돈은 모아두어야 합니다. 매달 돈이 들어오면, 저축할 돈을 빼고 쓰는 습관부터 시작해 보시길 바랍니다. 쓰고 남은 돈을 저축하는 게 아니라, 저축할 돈을 미리 빼고 나머지를 쓰는 게 맞습니다.

무지출 챌린지는 궁상맞지 않은 선에서 하자

경제 상황이 나빠지면 소비가 위축되는데요. 욜로(YOLO)와 플렉스(Flex)를 외치기엔 지갑 사정이 좋지 않습니다. 주식 계좌를 열어보면 마이너스를 의미하는 파란색 숫자들이 마음을 아프게 하고요. 정체된 월급과 달리 물가는 계속 올라서 점심값도 부담스럽습니다. 과거에는 단순히 '절약'이라는 키워드가 유행했다면 지금은 뭔가 좀 더 세련되어 보이는 '무지출 챌린지'가 인기를 얻고 있어요. 무지출 챌린지란 하루 종일 한 푼도 쓰지 않기에 도전하는 건데요. 무지출 챌린지는 고물가 시대의 생존방식으로 지출을 극단적으로 줄이는 방법입니다.

단순히 혼자 도전에 임하기보다는 SNS에 무지출 챌린지 과정을 공유하면서 큰 인기를 얻었습니다. 이번 주에는 며칠 무지출 챌린지에 성공했다는 결과를 올리면서 같은 관심사를 가진 사람들의 지지와 공감을 이끌어 내며 원동력을 얻는 거지요.

무지출 챌린지는 절약과는 결이 조금 달라요. 절약은 돈을 함부로 쓰지 않고 꼭 필요한 곳에만 아껴서 쓰겠다는 의미라면, 무지출 챌린지는 하루 지출을 0원으로 만드는 게 가장 중요한 포인트입니다. 가까운 거리는 걷거나 자전거를 타고요. 출퇴근 거리가 멀어서 무조건 대중교통을 이용해야 하는 경우 교통비는 필수 소비 항목으로 제외하고 계산하기도 해요. 외식이나 배달 주문 대신 냉장고에 있는 음식을 최대한 활용해서 돈을 쓰지 말아야 합니다. 냉장고에 남아 있는 음식과 식재료를 최대한 활용해서 끼니를 때우는 행위를 '냉장고 파먹기'라고 하지요.

돈을 쓰지 않고 모으기 위한 목적의 무지출 챌린지는 찬성이지만 궁상맞지 않은 선에서 해야 해요. 인터넷 커뮤니티에서 '자신은 무지출 챌린지를 하고 있으니 커피를 사달라는 후배'에 대한 내용이 화제가 되기도 했습니다. 회사 탕비실 음식을 개인적으로 쟁여 놓고 먹는 탕비실 도둑, 탕비실에 구비된 음식으로 끼니를 해결하는 탕파족 등의 신조어도 생겼습니다.

그밖에도 부모님 집에 가서 냉장고 안에 있는 반찬을 털어오는 행동도 눈살을 찌푸리게 했습니다. 무지출 챌린지가 아니라 민폐 챌린지나 구걸 챌린지가 되면 안 되겠지요.

사실 무지출 챌린지는 하루 단위가 아니라 적어도 한 달을 기준으로 결과를 확인해야 해요. 집 냉장고에 있는 재료를 부모님 집에서 가져오지 않는 이상 마트에서 사 왔겠지요? 하루 소비를 0원으로 마무리하기 위해 일주일에 한두 번 마트에서 대량으로 쇼핑한다면 막상 한 달 소비 금액은 줄지 않았을 수 있습니다. SNS나 지인에게 이번 달에 20일 넘게 무지출에 성공했다고 자랑했지만, 나머지 10일 동안 평소 한 달 치 소비를 다 한 거죠. 일주일에 며칠만 소비를 할 수 있다는 강박에 빠지면 충동구매나 과소비하는 잘못된 습관이 생길 수도 있습니다. 다른 의미의 보복소비이기도 합니다. 주변에 자랑했던 것 치고는 민망하고 궁상맞은 상황이지요. 마치 다이어트 중에 일주일에 한 번 치팅 데이를 지정하고 폭식을 하는 것과 비슷해요.

현실적으로 궁상맞지 않은 무지출 챌린지를 이어가려면 저녁 약속 줄이기부터 실천하면 좋습니다. 특히 술이 포함된 약속을 1순위로 줄여보세요. 오늘은 무지출 쉬는 날이라고 3차까지 달렸다면 사실상 일주일에 세 번 저녁 약속을 잡은 것과 다름이 없습니다. 점심 식사 후에도 비싼 커피 대신 저렴한 커피를 마시거나 인스턴트 커피 한 잔으로 바꿔보세요. 집에서 즐기는 커피 원두가 있다면 보온컵에 잘 담아서 출근하는 방법도 있고요.

부담스러운 점심 물가는 도시락으로 해결할 수 있어요. 통신사 할인을 적용한 편의점 도시락은 저렴한 편인데요. 편의점 도시락은 나트륨 함량이 높은 편이라 자주 먹으면 건강을 해칠 수 있습니다. 도시락만 먹기에는 아쉽다고 과자와 음료를 집었다가는 평소 밥값만큼 지출하게 됩니다. 점심 도시락을 준비할 때도 재료비에 신경을 써야 해요. SNS 업로드용 예쁜 도시락을 준비했다가는 배보다 배꼽이 더 클 수가 있어요.

닭가슴살, 계란 그리고 야채로 구성한 도시락은 가성비가 좋습니다. 닭가슴살 주문의 핵심은 벌크 주문이에요. 개별 주문보다는 대량으로 구매해야 저렴한 대표적인 식재료입니다. 단백질을 보충하기 위한 대표적인 재료지요. 소고기와 연어가 맛있다는 건 다 알아요. 가격이 비쌀 뿐입니다. 닭가슴살이 지겨울 때는 삶은 계란으로 대체해보세요. 10구가 들어있는 계란은 비싼 편이지만 30구 계란 한 판은 마트 할인을 자주 합니다. 야채와 과일은 퇴근길에 마트에서 할인하는 품목을 고르는 게 저렴합니다. 너무 많은 양을 샀다가 버리기 보다는 적당한 양을 사야하지요.

궁상맞지 않은 무지출 챌린지 실천 방법

저녁 약속 줄이기 (술 약속 줄이기가 1순위)

커피값 줄이기 (커피 구걸 금지)

점심 도시락 준비하기 (닭가슴살 대량 구매, 마트에서 할인하는 계란, 야채, 과일 구매)

어떻게 보면 조금 뻔한 노하우 같지만, 꾸준히 실천하는 건 어렵습니다. 저는 다이어트를 위해 1년 넘게 닭가슴살 도시락을 먹기도 했어요. 물론 외식을 한 날도 있습니다. 회사 동료들과 식사를 함께 하는 것도 사회생활의 일부니까요. 점심 약속은 당일이 아니라 미리 스케줄을 짜듯이 잡았고요. 약속이 없는 날에는 도시락을 준비했어요. 퍽퍽한 닭가슴살을 조금이라도 덜 맛없게 먹기 위해 가끔은 드레싱도 추가했습니다. 너무 자린고비처럼 보이지 않기 위해 출근 전에는 헬스장에서 운동도 열심히 했어요. 매일 닭가슴살과 샐러드를 먹는 건 점심값을 아끼려는 게 아니라 운동의 효과를 극대화하기 위한 노력으로 포장했습니다.

무지출 챌린지는 하나의 유행이나 놀이처럼 여겨지기도 하는데요. 이왕 시작한다면 궁상맞지 않은 선에서 본인의 정신 건강을 챙기면서 해보시길 바랍니다.

티끌 모아 큰 티끌을
만드는 앱테크

앱테크를 다른 말로 '디지털 폐지 줍기'라고 한다는 내용을 보고 충격을 받았었는데요. 도대체 누가 이런 찰떡같이 어울리는 단어를 생각해냈나 라는 궁금증이 생길 정도였습니다. 디지털 폐지 줍기는 말 그대로 길거리에 버려진 종이나 박스를 모아서 고물상에 팔아 돈을 받는 일에서 나온 단어입니다. 앱테크는 다른 세대에 비해 젊은 층 사이에서 많은 인기를 끌고 있는데요. 약간의 시간과 노력을 들이면 소액이지만 바로 보상이 주어진다는 점에 흥미를 느끼는 것 같습니다.

기업은 고객 유치와 이벤트 차원에서 다양한 앱테크 서비스를 선보이고 있습니다. 저도 여러 앱테크 서비스를 이용하고 있는데요. 대표적으로 매일 일정 걸음 이상을 걸으면 돈을 받는 서비스가 있습니다. 특정 지역에 가면 추가로 돈을 받을 수 있어서 운동 삼아 들르기도 해요. 걸음 수를 채우면 우대 금리를 주는 적금 상품도 있습니다. 매월 납입 가능한 한도가 낮아서 가입하지는 않았는데요. 매월 큰돈을 납입할 수 있었다면 가입을 고려했을 것 같습니다. 매주 쿠폰을 주는 보험회사 앱도 있는데요. 보험회사가 정말 영리하다고 생각했습니다. 매일 꾸준히 걷는 고객은 운동하지 않는 사람보다 건강할 확률이 높으니까요. 건강한 사람은 보험금을 청구할 가능성이 더 낮겠지요.

하지만 기업의 예상을 뛰어넘는 새로운 시장도 생겼는데요. 자동 걷기 기계라고 들어 보셨나요? 휴대전화를 기계에 장착하면 자동으로 흔들어주는 제품이에요. 편법이지만 직접 휴대전화를 들고 걷기 운동을 하지 않아도 된다는 점에서 많은 호응(?)을 얻고 있습니다.

매일 출석 체크와 무료 송금을 하면 젤리를 상품으로 주는 서비스도 있어요. 젤리는 무작위로 일정한 금액으로 바뀌는데요. 바뀐 금액은 실제 계좌로 이체가 가능해서 현금이나 다름이 없습니다. 아침에 일찍 일어나서 클릭만 해도 받을 수 있는 기능도 있어 고객들이 생활 속에서 자연스럽게 해당 기업의 서비스에 접속하도록 유도하는 효과가 있습니다.

그 외에도 각종 쿠폰을 주는 이벤트가 있으면 참여하고 있어요. 앱테크에 진심인 사람들은 단체 채팅방을 만들어서 서로 정보를 주고받기도 합니다. 채팅방에 들어가면 퀴즈 이벤트 참여에 유리합니다. 집단 지성으로 문제 유형과 답을 파악해서 공유해 주는 방식이지요. 소소하지만 대중교통을 타고 이동하는 시간 이나 쉬는 시간에 조금씩 하다 보면, 부자가 될 정도는 아니지 만 티끌 모아 큰 티끌이 되는 정도의 효과는 있습니다.

소소하지만 확실한 행복을 위해 앱테크를 하는 건 괜찮지만 검 증된 서비스에서만 활동하는 게 좋습니다. 서비스 가입을 위해 개인 정보를 입력하는 경우가 많기 때문이에요. 작은 이익을 위 해 큰 손실을 보는 일이 없도록 주의는 필요하겠습니다.

혹시 커피를 제 돈 주고 마시는 건 아니죠?

고물가 시대에는 밖에서 커피 한 잔 마시기도 부담스럽습니다. 저가형 카페 가격도 전반적으로 상승했고 스타벅스 등 유명 프랜차이즈 커피 가격도 많이 올랐는데요. 감성이 느껴지는 개인 카페의 음료 가격도 만만치 않고, 많은 자본이 들어간 대형 카페의 음료는 입이 떡 벌어질 정도로 비쌉니다.

한국농수산식품유통공사 식품산업 통계정보 시스템에 따르면 국내 커피·음료점업 점포 수가 무려 9만 9,000여 개로 10만 개에 육박한다고 해요. 우리나라 사람들이 세계적으로도 커피를 많이 마신다는 건 이미 알려진 사실이고, 자본금이 부족한 창업자들이 쉽게 접할 수 있는 종목이기 때문이지요.

저는 집에서 자주 일하는 편이지만 집중이 잘되지 않는 날에는 집 근처 카페에 갑니다. 저가형 카페나 소형 개인 카페보다는 매장이 넓은 스타벅스에 자주 방문하는데요. 2~3시간 정도 있기에 부담이 없는 곳을 찾다 보니 대형 프랜차이즈 위주로 가게 되더군요. 그렇다고 한 잔 주문하고 너무 오래 있는 건 민폐인 느낌이라 카페에 사람이 가득 차고 빈자리를 찾는 사람이 늘어나면 슬그머니 짐을 싸서 다시 집이나 지자체에서 운영하는 청년 공간으로 이동합니다.

여러 지자체에서 지역 청년들이 자유롭게 이용할 수 있는 청년 공간을 운영하고 있는데요. 집에서 도보로 이동 가능한 거리에 있어서 애용하곤 합니다. 공간도 쾌적하고 커피 머신도 있어 마음에 쏙 들어요. 커피도 무료라서 마치 비용이 들지 않는 공유 오피스에 있는 느낌이 납니다. 스타벅스에 자리가 없거나 아메리카노가 당길 때 방문하는 곳이에요.

평소 카페에서 커피를 주문하고 어떤 결제 수단을 쓰나요? 커피 프랜차이즈 할인이 되는 카드를 가지고 있나요? 예전에 쓰던 신용카드는 매월 4만 원 한도로 스타벅스 카드를 충전할 수 있었는데요. 무려 50%나 할인이 되는 혜택이라 실제 카드 결제 금액은 2만 원이었어요. 혜택이 너무 좋았는지 카드가 단종되어 더 이상 나오지 않습니다.

커피 프랜차이즈들은 자체 앱을 통해 충성 고객을 모집하고 있습니다. 제기 가장 자주 사용하는 스타벅스도 마찬가지인데요.

자체 앱에 접속해서 결제 시 각종 혜택을 주고 있습니다. 각종 이벤트를 통해 받은 커피 쿠폰을 활용하면 훨씬 효율적으로 카페를 갈 수 있어요. 스타벅스의 대표적인 이벤트 중 하나는 음료 주문 시 별 추가 적립인데요. 이벤트 내용은 업체의 상황에 따라 일부 달라질 수 있습니다. 지금 제 회원 등급에서는 별을 12개 모으면 비싼 음료를 마실 수 있는 무료 쿠폰이 생성되는데요. 이벤트를 잘 활용하면 저가형 커피 가격으로 스타벅스 음료 구입이 가능해집니다.

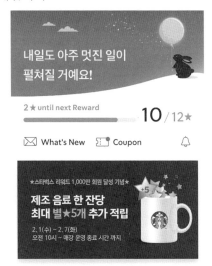

출처: 스타벅스 앱

가장 기억에 남는 이벤트는 개인 컵을 들고 가서 앱 자체 주문으로 가장 큰 사이즈 음료를 주문하는 조건이었어요.

출처: 스타벅스 앱

별 적립 히스토리에 단 1잔의 주문으로 별 12개 중 7개가 채워진 걸 확인하실 수 있는데요. 주문 시 기본으로 받는 방문별 1개, 개인 컵 사용 에코별 1개 그리고 가장 큰 사이즈를 앱 자체 결제로 진행해서 5개를 합치면 7개입니다. 이틀 연속 방문해서 한 잔 씩 마셨더니 무려 14개의 별을 받았어요. 개인 컵을 사용하면 추가 혜택도 있어 실제로는 체감효과가 더 크지요.

별 히스토리

기간 내 적립한 에코 별	7개
기간 내 적립한 누적 별	38개

※ 거래 변경, 별 소멸 및 기타 사유로 인해 실제 별 개수와 다소 차이가 있을 수 있습니다.

2023.01.03 ~ 2023.02.03 　　　　　　　　　　　　　 기간 설정

☆ +7　**적립 – 이벤트 적립 (에코별 1개 포함)**
　　　 일자 2023.02.02 15:12
　　　 유효기간 2024.02.03

☆ -12　**쿠폰발행 – 쿠폰발행**
　　　 일자 2023.02.02 07:47

☆ +7　**적립 – 이벤트 적립 (에코별 1개 포함)**
　　　 일자 2023.02.01 11:08
　　　 유효기간 2024.02.02

출처: 스타벅스 앱

커피 쿠폰 신공을 활용하면 최소한의 금액으로 최고의 효율을 낼 수 있습니다. 각종 이벤트에 참여 신청을 하다 보면 커피 쿠폰을 종종 받는데요. 커피 쿠폰과 통신사 할인을 적용하고 전용 카드로 1,000원 이상을 결제하면 별 적립을 받을 수 있습니다. 음료 2잔만 주문해도 메뉴판에서 가장 비싼 음료를 마실 수 있는 무료 쿠폰이 생기지요.

스타벅스 아이스 라테 가격: 5,000원

벤티 사이즈 업그레이드: +1,000원

아메리카노 커피 쿠폰: -4,500원

통신사 할인: -500원

= 스타벅스 전용 카드 결제: 1,000원

아쉽게도 2024년에는 스타벅스 음료 가격이 올랐습니다. 큰 사이즈의 음료를 마시기 위해서는 500원이 아닌 800원이 필요해졌어요. 전용 카드로 1,000원을 딱 맞춰서 결제하기가 어려워져서 더 효율적인 방법을 계속 찾는 중입니다. 대신 12개의 별을 모아야 했던 무료 음료 쿠폰 대신 8개의 별로 카페 라테를 주문할 수 있게 되었어요.

이벤트로 당첨된 쿠폰이 없는 경우에는 네이버쇼핑 등 판매 채널에서 약 10% 정도 저렴하게 구매할 수 있습니다. 커피 할인 혜택이 있는 신용카드의 월 사용 실적을 채우려고 억지로 노력하지 않아도 괜찮아요.

다른 프랜차이즈에서도 별과 비슷한 적립 제도를 운영하고 있고요. 개인 컵을 가져가면 적립은 아니지만 300~500원 정도 음료 할인을 해주고 있어요. 꼭 해당 브랜드의 개인 컵이 아니어도 할인 혜택을 받을 수 있답니다.

'내가 얼마나 고생하면서 일하는데 매일 커피 한 잔도 못 마시나!'라는 생각으로 한 달을 보내고 나면 가랑비에 옷이 젖듯 10만 원이 넘는 추가 비용이 발생합니다. 힘든 노동의 삶에서 커피를 끊는 게 어렵다는 거 잘 알고 있습니다. 저도 커피 없이는 머리가 돌아가지 않는 날도 많거든요. 커피의 삶을 벗어날 수 없다면 조금 귀찮더라도 최대한 가성비 있게 커피를 즐기는 방법 정도는 활용해보면 어떨까요?

더 이상 나에게
할부란 없다

취업에 성공해서 정기적인 소득이 발생하면 신용카드 발급이 가능해요. 신용카드는 휴대도 편리하고 신용카드를 '적당히' 잘 사용하면 신용점수가 올라가서 나중에 대출받을 때 유리하지요. 휴대전화 앱 카드 기능을 사용하면 실물 카드를 들고 다닐 필요도 없어요. 각종 간편결제 기능을 제공하는 앱에 미리 카드를 등록하고 손쉽게 결제가 가능하지요. 신용카드는 각종 혜택도 제공하고 있어요. 자신의 소비 패턴과 맞는 신용카드를 적당히 잘 사용하면 각종 포인트도 적립이 가능하고요. 주유나 커피 등 할인 혜택도 누릴 수 있습니다.

사실 신용카드의 가장 큰 혜택은 지금 당장 돈을 내지 않아도 된다는 점이에요. 신용카드는 실제 물건을 소비하는 시간과 돈이 빠져나가는 시기가 분리되어 있습니다. 월급날이 많이 남아 통장에 돈이 없는 상태에서도 신용카드만 있으면 원하는 물건을 살 수 있습니다. 물건값은 다음 카드 결제일에 납부하면 되니까요.

동시에 신용카드가 위험한 이유 역시 소비와 대금 결제 시기가 다르다는 점에 있어요. 당장 돈을 내지 않아도 된다는 생각에 과소비할 가능성이 커집니다. 지출 관리가 굉장히 어렵다는 측면이 있어요. 분명 월급을 받았는데 다음날 카드 대금이 빠져나가고 나면 항상 돈이 없는 악순환이 발생하는 거죠. 카드 대금을 내지 못해서 연체되면, 신용 점수가 빠르게 하락합니다. 신용 점수 하락은 대출 등 금융 거래에 굉장히 불리하기 때문에 조심히 사용해야 해요.

신용카드의 장단점

구분	장점	단점
신용점수	적절하게 사용해서 신용점수가 오르면 금융거래 유리	카드 대금을 연체하면 신용점수 하락, 대출 등 금융거래에 불리
혜택	각종 포인트 적립, 주유·커피·식당 등 할인 혜택	연회비 지출
소비 생활	휴대 용이, 할부 구매 가능	과소비, 지출 관리 어려움

다음 달 카드 대금 결제가 걱정된다고 할부 결제를 하는 건 최악입니다. 당장 낼 돈이 부족할 때 할부 서비스를 이용하면 연

체를 피할 수 있는 건 맞아요. 피치 못할 상황이 생겼을 때는 사용해야겠지요. 하지만 우리가 피치 못할 사정으로 물건을 사면서 할부 결제하는 일은 거의 없습니다. 통장에 돈은 없는데 그동안 꼭 사고 싶었던 물건이 매장에 들어왔을 때가 더 많을 거예요. 할부 결제는 수수료가 높은 편이에요. 할부 기간을 12개월로 구매하면 할부수수료가 20%에 육박합니다.

"무이자 할부로 결제하면 수수료 안 나오는데요?"

이렇게 생각하는 사람이 있겠지요? 맞습니다. 무이자 할부로 결제하면 할부 수수료는 발생하지 않아요. 그렇다고 물건값을 내지 않는 건 아니지요. 돈을 내는 시기가 조금 늦춰졌을 뿐이에요. 할부로 사는 물건이 늘어날수록 지출 관리는 더 어려워집니다. 할부하지 않을 때도 관리하지 못한 소비 습관이니 더 나빠질 일만 남았습니다.

할부 결제 항목을 잘 기록해서 연체가 발생하지 않게 열심히 분석하고 정리하는 분도 있습니다. 매달 내야 하는 할부금을 정리해서 월급 통장에 구멍이 나지 않도록 관리한다는 목적인데요. 월급 통장의 잔고를 걱정할 정도의 소비를 하는 분은 할부로 결제할 자격이 없습니다. 무이자 할부를 잘 이용하는 건 고수의 영역이에요. 600만 원 상당 명품 가방을 구매한다고 예를 들어

볼게요. 이 가방은 충동구매가 아니라 고수의 소득과 자산 수준을 고려했을 때 충분히 감당이 가능한 상황입니다. 일시불로 구매해도 문제가 없지만, 무이자 3개월 혜택을 받아 결제하고 나머지 400만 원으로는 단기에 수익을 올릴만한 곳에 투자하는 거죠.

무이자 할부 결제를 하고 합리적인 구매였다고 판단하려면 적어도 그 물건을 일시불로 구매해도 전혀 문제가 없는 경제 상황이어야 합니다. 당장 돈이 없어서 할부로 물건을 사야 하는 상황이라면 그 물건을 꼭 사야 하는 지 다시 한번 자신에게 질문해봐야 해요. 복잡하게 매달 할부로 내야 할 금액을 계산하지 말고 일시불로 살 수 없는 물건은 사지 않는다는 기준을 세우는 게 훨씬 간단합니다.

> "
> 복잡하게 할부로 계산하여 구매할
> 물건은 아예 사지 않아야 합니다.
> "

목돈을 모아 경제적으로 여유를 갖고 싶다면 할부 결제를 멀리해야 해요. 신경 쓰이고 관리할 항목이 많아질수록 돈을 모으기가 어려워집니다. 심플하게 더 이상 할부 거래를 하지 말고, 꼭 필요한 물건만 일시불로 사는 노력을 해보시길 바라요.

소비 조절이 어렵다면 신용카드를 없애라

신용카드를 발급받고 월 실적을 유지하면 다양한 할인 혜택이 있습니다. 하지만 할인 혜택을 받기 위해 소비가 늘어나는 문제가 생기지요. 카드마다 실적 기준은 다르나 월 30~50만 원 정도가 많습니다. "한 달에 100만 원도 아니고 30만 원 정도는 아무리 아껴도 쓰지 않나"라는 생각을 갖도록 하는 게 카드 회사의 전략입니다. 할인 혜택을 받은 항목은 실적에서 제외하는 경우도 많은데요. 혜택받은 항목을 다 빼고 나면 실제로는 더 많은 금액을 결제해야 혜택을 받게 되지요.

신용카드는 굉장히 편리한 결제 수단이지만 잘못 사용하면 생활이 불편해집니다. 소비 충동을 참기 어렵다면 아예 신용카드를 잘라버리는 것도 방법이에요. 천천히 사용을 줄여보겠다는 결심은 쉽게 실패할 가능성이 높습니다. 소비 습관이 쉽게 고쳐지는 거였다면 진작 목돈을 모았을 겁니다. 소비를 줄이고 돈을 모으겠다는 결심을 했을 때 과감하게 움직여야 해요. 애매한 결심은 좋은 결과가 나오기 어렵습니다. 신용카드를 그냥 잘라서 버리기만 하면 안 되겠지요. 카드 회사에 연락을 해서 정식으로 해지 요청을 해야 합니다. 납부한 연회비가 있으면 일 단위로 계산해서 잔여일 만큼 돌려받을 수 있거든요.

사고 싶지만, 신용카드 할부 결제 없이는 구매가 불가능한 물건이 있다고 가정해 볼게요. 이 물건은 내가 가질 만한 능력이 없는 겁니다. 과도한 신용카드 사용은 미래의 나에게 빚을 떠넘기는 행위예요. 다음 달의 내가 어떻게든 할 거라는 책임회피를 해봐야 결국 금세 한 달이 지나 전전긍긍하는 자기 모습을 보게 됩니다.

"
과도한 신용카드 사용은 미래의 나에게 빚을 떠넘기는 행위입니다.
"

정말 사고 싶은 물건이 있다면 적금 상품에 가입하세요. 600만 원 상당의 가방이 갖고 싶다면 매월 50만 원씩 1년 동안 납부하는 정기 적금을 들면 됩니다. 해지 충동을 잘 참아내면 1년 뒤에 원금 600만 원과 이자가 통장에 들어옵니다. 목돈을 가지고 바로 백화점에 가면 안 되고요. 600만 원짜리 가방이 정말 나에게 필요한지 다시 한번 고민한 후에 최종적으로 소비 여부를 결정해보세요. 1년 동안 힘들게 돈을 모은 만큼 한 번에 다 써버리기 아까운 마음이 든다면 본격적으로 목돈을 모을 준비가 된 거예요.

신용카드 혜택도 아깝다고 생각하지 마세요. 카드 실적을 채우려다 과소비하게 됩니다. 1만 원 카드 혜택을 보려고 10만 원을 쓰기보다는 꼭 필요한 5만 원만 쓰고 나머지는 저축하세요. 그렇다고 현금을 들고 다니기는 부담스러우니 체크카드를 쓰면 돼요. 체크카드도 소소한 혜택이 있고 교통카드 기능도 추가해서 사용하면 큰 불편함이 없습니다. 작은 할인에 매몰되어 더 큰 손해를 보는 일이 없었으면 합니다.

나도 모르게 숨어있던
돈과 포인트를 찾아보자

여러분은 몇 개의 통장을 가지고 있나요? 사용하고 있는 신용카드 또는 체크카드는 몇 개인가요? 특판 예·적금 상품 가입, 파킹통장 또는 공모주 청약에 관심이 있다면 보유 계좌가 계속 늘어나는데요. 가지고 있는 통장이 늘어날수록 관리하기가 어려워지는데요.

저는 하나의 금융사를 선택하고 다른 모든 금융 회사의 계좌를 불러와서 관리하고 있습니다. 1금융권, 2금융권 그리고 증권사 계좌까지 합치니 총 63개가 조회됩니다. 업데이트한 지가 오래되어 잊어버린 계좌도 있어요.

금융결제원의 계좌정보통합관리 서비스(https://www.
payinfo.or.kr)의 '내 계좌 한눈에' 메뉴를 활용하면 보유한 모
든 계좌를 한 번에 조회할 수 있습니다. 과거에 가입하고 잊고
있던 계좌에 잔액이 있는 걸 발견하면 굉장히 기분이 좋아요.
홈페이지에 접속해서 '내 계좌 한눈에' 메뉴를 선택합니다. 은
행권, 제2금융권, 증권사 그리고 휴면예금·보험금까지 간단한
절차로 조회가 가능해요. 해당 은행에 방문하지 않아도 조회한
잔액을 바로 송금할 수 있는 기능도 제공하고 있어 편리합니다.

나도 모르는 계좌의 잔액 확인하기 - 내 계좌 한눈에 서비스

계좌통합조회 순서는 4단계로 되어 있어요.

STEP 1 개인정보 수집 및 이용동의

STEP 2 로그인

STEP 3 계좌통합조회

STEP 4 잔고 이전·해지

출처: 금융결제원 계좌정보통합관리 서비스

조회를 위해 공동인증서나 금융인증서가 필요하고, 본인 확인을 위한 휴대폰 인증도 진행합니다.

계좌통합조회

본인인증을 마치면 계좌 내역이 출력됩니다. 몇 개 은행에 계좌가 있고 은행별로 어떤 종류의 통장을 가졌는지도 한눈에 볼 수가 있어요. 일정 기간 사용하지 않은 계좌는 '비활동성 계좌' 구분으로 보이는데요. 비활동성 계좌를 중점적으로 살펴보면 빠르게 확인이 가능합니다.

계좌통합조회

은행별 계좌내역(총 14개은행)

(조회기준일 : 2023.01.04)

은행명	구분	수시입출금식	정기 예.적금	신탁	ISA·펀드 등	외화	합계	상세조회
하나은행	비활동성계좌	-	-	-	-	-	2건	조회
	활동성계좌	1건	1건	-	-	-		
NH농협은행	비활동성계좌	1건	-	-	-	-	1건	조회
	활동성계좌	-	-	-	-	-		
SC제일은행	비활동성계좌	1건	-	-	-	-	4건	조회
	활동성계좌	1건	-	-	-	2건		
국민은행	비활동성계좌	-	-	-	-	-	1건	조회
	활동성계좌	1건	-	-	-	-		
기업은행	비활동성계좌	1건	-	-	-	-	1건	조회
	활동성계좌	-	-	-	-	-		

확인하고 싶은 은행 계좌의 조회 버튼을 클릭하면 상세 내역이 보입니다. 비활동성 계좌에 소액이지만 돈이 들어있네요. 해당 계좌를 더 이상 사용하지 않는 경우 계좌를 해지하면서 잔액을 이전할 수 있습니다. 하지만 이체 수수료가 약 500원 정도 발생하기 때문에 너무 소액이면 그냥 두는 게 나을 수 있습니다.

계좌통합조회

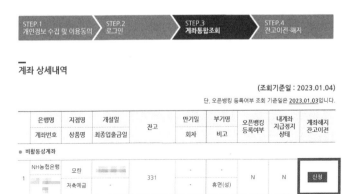

STEP.1 개인정보 수집 및 이용동의 / STEP.2 로그인 / STEP.3 계좌통합조회 / STEP.4 잔고이전·해지

계좌 상세내역

(조회기준일 : 2023.01.04)

단, 오픈뱅킹 등록여부 조회 기준일은 <u>2023.01.03</u>입니다.

은행명	지점명	개설일	잔고	만기일	부기명	오픈뱅킹 등록여부	내계좌 지급정지 상태	계좌해지 잔고이전
계좌번호	상품명	최종입출금일		회차	비고			

● 비활동성계좌

1	NH농협은행	모란	▓▓▓▓▓	331	-	-	N	N	신청
	▓▓▓▓▓	저축예금	-		-	휴면(성)			
	합계			331					

[인쇄하기]　[목록으로]　[로그아웃]

계좌통합조회

STEP.1 개인정보 수집 및 이용동의 / STEP.2 로그인 / STEP.3 계좌통합조회 / STEP.4 잔고이전·해지

잔고이전 대상선택

잔고를 이전할 본인 계좌 또는 기부를 선택하세요

선택	구분	내용
○	본인계좌	해지계좌의 잔고를 본인명의 다른 계좌로 이전합니다.
○	기부	해지계좌의 잔고를 서민금융진흥원으로 기부합니다. [서민금융진흥원이란?]

[다음단계로 이동]

출처: 금융결제원 계좌정보통합관리 서비스

한 번 로그인하면 은행권 계좌뿐만 아니라 제2금융권, 증권사, 휴면예금·보험금도 조회가 가능하니 계좌 정리가 필요할 때 한 번씩 이용해보세요.

나도 모르는 카드, 카드포인트 확인하기 - 내 카드 한눈에 서비스

발급 후에 어디 있는지도 기억나지 않는 신용카드, 체크카드가 있다면 '내 카드 한눈에' 서비스에서 확인할 수 있어요. 사용하지 않는 카드를 해지하면 연회비 환급도 가능하지요. 흩어져 있는 카드포인트도 확인해서 내 계좌로 입금해보세요. 카드 포인트의 유효기간은 보통 5년인데요. 소액의 포인트를 사용하기 위해 추가로 소비를 하는 건 지양해야 합니다. 금융결제원 사이트 외에도 여신금융협회 카드포인트 통합조회시스템(www.cardpoint.or.kr)도 동일한 서비스를 제공합니다.

'내 카드 한눈에' 메뉴 첫 번째 카드정보조회부터 진행해봅니다. 안내 사항을 확인하고 아래에 위치한 체크 버튼을 눌러 조회합니다.

저는 신용카드를 현재 1개만 사용하고 있어요. 체크카드는 여러 개 있지만 대부분 사용하지는 않습니다. 연회비가 없고 현금 카드 기능이 있어서 해지는 하지 않고 남겨두었어요.

카드정보조회

STEP.1 개인정보 수집 및 이용동의 〉 STEP.2 로그인 〉 STEP.3 서비스 이용

카드사별 카드내역

고객님의 총 보유카드 6개가 조회되었습니다.

(조회기준일: 2023.01.04)

구분	보유카드 개수	이용한도	단기카드대출 (현금서비스)한도	상세조회
BC카드(SC제일은행)	▣개	0원	(0원)	조회
KB국민카드	▣개	0원	(0원)	조회
NH농협카드	▣개	10,000,000원	(0원)	조회
우리카드	▣개	0원	(0원)	조회
토스뱅크카드	▣개	0원	(0원)	조회

다음으로 카드 포인트를 한 번에 조회해볼게요. 두 번째 '포인트 조회'를 선택하고 안내 사항을 한 번 읽어봅니다.

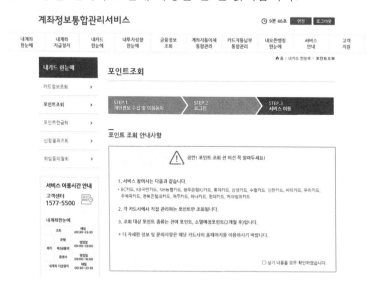

6개월에 한 번 정도 접속해서 카드포인트를 조회하고 있습니다. 책을 쓰는 시점에는 모든 포인트가 0원이라 계좌로 옮길 포인트는 없는 모습이에요. 잔여 포인트가 있다면 계좌로 옮겨서 현금화하시길 바랍니다.

포인트조회

카드사별 포인트내역

(조회기준일: 2023.01.04)

구분	포인트명	잔여 포인트	소멸 예정 포인트	소멸 예정월
BC카드	TOP	0	0	-
KB국민카드	포인트리	0	0	-
NH농협카드	NH포인트	0	0	-
신한카드	마이신한포인트	0	0	-
우리카드	모아포인트	0	0	-
	우리WON꿀머니	0	0	-

* 잔여포인트와 2개월 후 소멸예정포인트가 조회되며, 소멸예정일은 카드사별 상이합니다.

가지고 있는 모든 계좌, 카드 및 카드포인트를 자주 조회할 필요는 없어요. 1년에 1~2회만 조회를 해도 충분합니다. 불필요한 계좌를 정리하는 과정을 통해 용도에 맞게 통장을 활용하는 습관을 들일 수 있어요. 신용카드가 너무 많다면, 혜택이 좋은 신용카드만 남기고 해지해서 불필요한 연회비 지출을 막아보세요. 얼마 안 되는 카드 포인트를 사용하기 위해 지출을 하실 생각은 접어두고, 계좌로 현금화해서 필요한 곳에 사용하세요.

OTT는 몇 개 구독 하고 있나요?

OTT 전성시대라고 해도 과언이 아닐 정도로 다양한 업체에서 서비스를 운영하고 있습니다. OTT는 Over The Top의 약자로 여기서 Top은 TV에 연결하는 셋톱박스를 의미해요. 컴퓨터나 TV 그리고 휴대전화를 활용해서 언제 어디서든 동영상 콘텐츠를 볼 수 있어 편리한데요. 플랫폼마다 제공하는 콘텐츠가 다르다 보니 그때그때 보고 싶은 동영상을 찾아 유목민처럼 떠돌기도 합니다.

처음 구독 결제를 하고 나면 이후에는 자동으로 결제가 되는데요. 플랫폼마다 해지 버튼을 찾기도 어렵습니다. 해지 버튼을 클릭해도 몇 번의 재확인 절차를 거쳐야 최종 해지 처리가 되고요. 무심코 해지하는 걸 깜빡하면 다음 달 요금이 결제가 되지요. 가입과 결제는 정말 쉬운데 해지하기는 어렵게 해놔서 해지 방법을 검색할 때도 많습니다.

여러 개의 OTT를 동시에 구독하면 개인 시간 활용이 어려워집니다. 매월 내는 구독료가 아까워서 억지로 영상을 보게 되는 악순환에 빠질 수 있어요. 나가는 돈이 아깝다고 시간도 버리게 되는 거죠. 저도 OTT 서비스에 가입하고 초반에는 볼 게 너무 많아서 TV 앞에서 많은 시간을 보냈는데요. 지금은 지인들이 추천하는 작품을 가끔 몰아서 보는 정도입니다.

OTT 플랫폼 하나에 가입하는 비용은 많지 않습니다. 하지만 가랑비에 옷 젖는다고 구독하는 채널 수를 늘리다 보면 무시할 수 없는 금액이 되지요. 동시에 여러 개의 OTT를 구독하면서 돈을 내기보다는 매달 한 개의 OTT에 집중하는 걸 추천해요. 이번 달에 N사에 새로운 시리즈가 몇 개 나왔다면 한 달만 가입을 유지하는 거예요. 다음 달에는 D사 플랫폼을 결제하고 또 해지하는 방식으로요.

매달 가입과 해지를 하는 건 번거로운 일입니다. 특히나 해지 메뉴를 찾기 어렵게 해놓은 플랫폼들 때문에 더 귀찮지요. 그래도 매달 돈이 새 나가는 것보다는 귀찮음을 감수하는 게 낫겠지요. OTT 볼 시간에 자기 계발을 하라는 이야기를 하고 싶지는 않아요. 그래도 소파에 누워 배달 음식과 맥주를 마시면서 오랜 시간을 보내는 것보다 생산적인 일은 세상에 정말 많습니다.

우리는 '경험'에 큰 가치를 두는 오늘을 살고 있습니다. 그런데 그 경험이 꼭 '소비'일 필요는 없어요. 돈만 추구하는 삶도 허무하지만, 소비 경험만 쫓는 삶도 의미 있지는 않습니다. 정해진 한도 내에서 스스로 크고 작은 의미를 찾는 행위야 말로 진정 의미있는 삶이 아닐까요?

고정비용을 줄여주는 K-패스, 알뜰폰

K-패스는 버스, 지하철, 광역버스, GTX 등 전국 모든 대중교통을 이용 시 사업에 참여하는 지자체의 19세 이상의 주민에게 적립금을 지급하는 사업입니다. 기본 적립률 외에도 청년이거나 저소득층은 추가로 적립 혜택이 있어요. 과거 알뜰교통카드보다 이용이 간편하면서 혜택도 좋기 때문에 사용하지 않을 이유가 없습니다.

기본적으로 월 15회 이상 대중교통을 이용해야 혜택을 받습니다. 월말에 이용 실적을 확인하니 14회로 찍혀 있는 경우에는 짧은 거리라도 대중교통을 한 번 더 이용하는 게 이득이겠지요.

언제나, 어디서나 K-패스

K-패스

전국 189개 지자체에서 참여중인
대한민국 대표 교통카드
우리들의 행복한 여정, 함께해요

출처: K-패스

지급 기준

- 월 15회 이상 대중교통 이용 시 최대 60회까지 지급

- 월 60회 초과 이용 시 이용 금액이 높은 순으로 60회까지 지급

(2,800원 60회, 1400원 20회 총 80회 이용 시 금액이 큰 2,800
원 60회를 기준으로 지급)

계층별로 적립률이 다릅니다. 청년의 경우 19세~34세에게
30%의 적립금을 주는데요. 지자체에서 추가 지원을 해주는 경
우도 있습니다. 경기도의 The 경기패스는 청년 나이조건을 34

세가 아닌 39세까지로 혜택을 주고 있어요. 2024년 8월부터 부산시는 동백패스와 K-패스를 결합한 K패스-동백을 시행했습니다.

적립률

- 일반: 20% 적립, 저소득층: 53% 적립

- 청년: 19세 ~ 34세는 30% 적립(The 경기패스는 19 ~ 39세까지)

K-패스 홈페이지에서 7월 적립 금액을 확인하니 21회 이용 금액 36,500원의 20%인 7,300원이 적립금으로 쌓였는데요.

K-패스   나의 지자체

‹ **2024년 07월** ›

이번 달은 얼마나 적립됐을까?

7,300 원

출처: K-패스

실제 입금된 금액을 보니 10,950원이 들어왔습니다. The 경기 패스 혜택으로 청년 나이를 34세까지가 아닌 39세까지로 적용합니다. 즉, 대중교통 금액의 30%를 돌려받게 됩니다.

‹ **2024년 07월** ›

지급완료
카드사에 지급 요청 되었습니다.

정산 완료일	2024-08-07
카드 이용횟수	21회 / 최소 15회
적립 대상 금액	36,500원
적립 지급액	7,300원
지자체 지급 금액	3,650원
이벤트	0원
이월 금액	0원
합계 =지급액+지자체지급금액 +이벤트+이월금액의 합계	**10,950원**

출처: K-패스

교통비 할인을 받기 위해 카드 실적을 억지로 채우지 않아도 되기 때문에 너무 유용하게 사용 중입니다. K-패스 홈페이지 (https://korea-pass.kr/)에 접속하면 카드사별, 은행별 카드 목록을 볼 수 있습니다. 마음에 드는 금융회사 카드를 발급받아서 매달 나가는 고정비용을 줄여보세요.

2023년 상반기를 기준으로 국내 알뜰폰 가입자 수는 무려 1,300만 명을 넘었습니다. 통신비가 저렴하고 자급제폰의 대중성이 인기에 한 몫을 했어요. 선입견과 달리 알뜰폰은 같은 통신망을 사용하기 때문에 통신 3사와 품질도 동일합니다. 조금만 부지런하면 달마다 크게 지출되는 통신비를 낮출 수 있다는 강력한 장점이 있습니다.

따로 결합상품을 가입하지 않았거나 아이폰 공기계가 있다면 알뜰폰 요금제를 활용해보세요. 아이폰은 갤럭시보다 공시지원금 혜택이 낮은 편입니다. 아이폰 공기계를 구매해서 알뜰폰 요금제를 활용하면 통신비를 아낄 수 있습니다.

통신비 절약을 하면서 우리가 한 가지 더 주의해야 할 점은 스마트폰을 너무 자주 바꾸면 환경오염을 악화시킨다는 사실이에요. 스마트폰을 최대한 오래 사용하면 이산화탄소 배출을 줄일 수 있습니다. 튼튼한 공기계로 알뜰폰 통신제를 활용하면 돈도 아끼고 환경도 보호할 수 있죠. 다음 사진은 실제 할인을 받은 기록이에요.

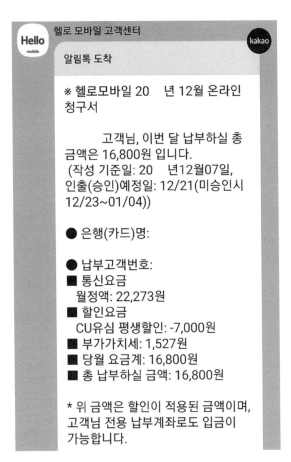

헬로 모바일 고객센터 · kakao

알림톡 도착

※ 헬로모바일 20   년 12월 온라인 청구서

　　　　고객님, 이번 달 납부하실 총 금액은 16,800원 입니다.
(작성 기준일: 20   년12월07일, 인출(승인)예정일: 12/21(미승인시 12/23~01/04))

● 은행(카드)명:

● 납부고객번호:
■ 통신요금
　월정액: 22,273원
■ 할인요금
　CU유심 평생할인: -7,000원
■ 부가가치세: 1,527원
■ 당월 요금계: 16,800원
■ 총 납부하실 금액: 16,800원

* 위 금액은 할인이 적용된 금액이며, 고객님 전용 납부계좌로도 입금이 가능합니다.

이렇게 여러모로 유용한 알뜰폰에 대한 정보는 모두의요금제(https://www.moyoplan.com), 알뜰폰허브(https://www.mvnohub.kr), 우체국알뜰폰(https://www.epost.go.kr)에서 확인할 수 있습니다.

갓생러에게는 절약과 돈 모으기도 필수

갓생 살기의 인기가 꾸준하게 이어지고 있어요. 갓생은 God(신)과 인생(生)을 합친 단어로 거창한 장기 목표보다는 당장 시작할 수 있는 소소한 목표를 달성하면서 하루하루를 가치 있게 살자는 라이프스타일입니다. 부지런하고 모범적인 생활 습관을 지속하는 걸 의미하기도 해요.

갓생 살기하면 가장 먼저 떠오르는 연관 단어는 '미라클 모닝' 과 '오운완(오늘 운동 완료)'입니다. 새벽에 일어나서 독서, 긍정 확언, 명상, 공부 등 자기 계발을 하는 미라클 모닝은 이미 너무 유명하지요. 매일 꾸준하게 운동하는 습관을 기르고 후기를 SNS에 공유하는 오운완 챌린지도 여전히 인기가 많습니다.

자신만의 루틴을 만들어서 꾸준하게 실천하는 건 긍정적입니다. 저는 미라클 모닝에 도전하다 실패한 경험이 있는데요. 새벽에 일어나니 하루가 길게 느껴지는 점은 좋았지만, 오후 내내 몽롱한 상태가 지속되어 오히려 생산성이 떨어지더군요. '아침 일찍 일어나는 새가 피곤하다'는 방송인 박명수의 어록이 떠올 랐어요. 지금은 최대한 밤 12시 이전에 자고 오전 7시~7시 30분경에 일어나는 루틴을 지키고 있습니다.

사람들이 갓생 살기에 열광하는 이유가 무엇일까요? 바쁘고 힘든 현대 사회에서 성취감과 자존감을 채우면서 몸과 마음을 건강하게 하기 위해서지요. 누군가에게는 나만 뒤처지는 게 아닌가 하는 불안감을 해소하기 위한 목적일 수도 있고요.

SNS에서 갓생 살기와 관련된 콘텐츠를 분석해 보니, 절약과 돈 모으는 루틴은 상대적으로 비중이 작았는데요. 중장기적으로 오랫동안 건강한 몸과 마인드를 유지하려면, 절약과 돈 모으기는 필수입니다. 당장 다음 달에 내야 할 카드 값, 월세, 관리비, 자기 계발 비용이 부족한 상태에서 진행하는 갓생 살기는 지속 가능성이 떨어집니다.

절약도 하루하루 지출 내역을 정리하면서 성취감을 느낄 수 있어요. 처음부터 극단적인 지출 통제를 하지 않아도 됩니다. 어떤 일이든 지나치게 자신을 통제하는 방법은 오래가지 못하거든요. 내가 할 수 있는 선의 목표를 정하고 지난주, 지난달, 지난 분기와 비교하면서 순차적으로 달성하는 시도를 해보세요.

자기 계발로 재테크 공부를 하는 분도 많은데요. 재테크를 하기 위한 종잣돈은 결국 절약해야 빨리 확보할 수 있습니다. 매달 들어온 돈에서 지출한 돈을 제외한 나머지가 투자 가능 금액이 되니까요. 무작정 공부만 하기보다는 절약을 통해 조금이라도 시드를 더 모아서 직접 저축이든 투자하는 게 더 빠릅니다.

저축률을 루틴으로 정해서 기록해 보는 것도 좋습니다. 현재 월 저축률이 30%라면, 매달 1%씩만 늘리는 목표를 세워도 10개월 뒤에는 40%를 저축하게 됩니다. 20개월 뒤에는 무려 월 소득의 절반을 저축하게 됩니다. 월급이나 소득이 증가해도 저축률을 유지하는 게 관건이에요. 작년보다 더 많은 돈을 벌었다고 더 써버리면 안 됩니다.

돈이 인생의 전부는 아니지만, 돈을 모으면 '갓생'과 '현생'을 모두 잡을 수 있습니다.

PART 04

1억
모으기도
1,000만 원
부터

특판 예·적금 정보는 어디에서 확인할까요?

일반 예·적금보다 더 높은 금리를 제공하는 특판 상품에 가입하면 목돈 모으기에 필요한 기간을 단축할 수 있어요. 특판 상품은 보통 금융회사에서 긴급하게 자금이 필요한 경우 출시하는데요. 그 외에도 신규 고객 유치를 위한 마케팅의 수단으로 고금리 상품을 이용하기도 해요.

1금융권 은행이나 2금융권 저축은행은 금융감독원의 금융상품한눈에(https://finlife.fss.or.kr) 사이트에서 금리가 높은 순서로 조회가 가능한데요. 저축은행 말고도 2금융권의 새마을금고나 신협 등 상호금융회사의 상품도 잘 살펴보면 좋습니다.

다음은 제가 가입한 새마을금고 특판 예금 정보인데요. 기본 연 6% 금리에 우대금리 0.3%를 더해서 최고 연 6.3% 금리가 적용되는 상품에 가입했어요. 가입 시점에는 우대 금리 조건 1개만 충족을 해서 6.1%라고 표기가 되어 있는데요. 만기 전까지 나머지 2개 우대금리 조건을 채우면 되는 조건이에요.

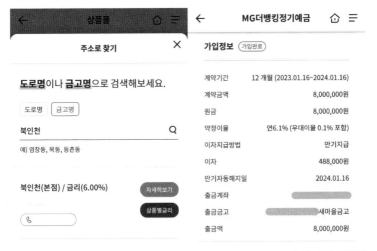

출처: MG더뱅킹

계산을 쉽게 하기 위해 목돈을 1,000만 원이라고 가정해볼게요. 세금 15.4%를 제외해도 1년에 무려 532,980원의 이자를 받을 수 있습니다.

목돈 1,000만 원을 1년 만기 연 6.3% 금리 정기예금 상품 가입 시

원금: 10,000,000원

세전이자: 630,000원

이자과세(15.4%): -97,020원

원금+세후이자: 10,532,980원

특판 예•적금 상품만 잘 활용해도 리스크 없는 목돈 관리가 가능합니다. 새마을금고나 신협은 예금자보호법이 아닌 자체적으로 예금자 보호 기금을 운용하고 있습니다. 성격은 다르지만, 원금과 이자를 합쳐 1인당 최대 5,000만 원까지 보호받을 수 있다는 점은 같아요.

> "
> ## 특판 예•적금 상품만 잘 활용해도 리스크 없는 목돈 관리가 가능합니다.
> "

새마을금고나 신협의 특판 예•적금 정보는 각 영업점에서 보유한 고객 연락처로 제공하는데요. 영업점 앞에 플래카드로 특판 예•적금 상품을 판매한다는 홍보도 하고요. 블로그 등 SNS를 통해서도 특판 정보를 제공하기도 합니다. 하지만 현재 해당 영업점의 고객이 아니고 다른 지역에 거주하는 경우엔 정보를 얻기 어렵겠지요.

이럴 땐 지역 맘카페나 인터넷 재테크, 짠테크 관련 카페를 찾아보면 됩니다. 전국의 이용자들이 서로 특판 상품 정보를 거의 실시간으로 공유하고 있어서 큰 도움이 됩니다. 아직 실시간으로 새마을금고와 신협의 금리 정보를 한눈에 볼 수 있는 채널이 없기 때문에 약간의 발품은 팔아야 하지요. 그래도 더 좋은 조

건으로 상품에 가입하면 이자 수익도 늘어나는 만큼 귀찮음을
감수할 필요도 있습니다.

작고 소중한 월급의
몇 %를 저축하면
좋을까요?

힘들게 취업 시장의 관문을 뚫고 받은 소중한 월급의 몇 %를 저축해야 할까요? 월급의 최소 50%는 저축해야 한다는 전문가도 있고, 사회초년생은 최대 70%는 저축해야 목돈을 모은다는 주장도 있습니다. 경제적 자유를 얻어 빠른 은퇴를 추구하는 파이어족들은 소득의 80% 이상을 저축, 투자하기도 합니다.

파이어족

경제적 자유(Financial Independence)와 조기 은퇴(Retire Early)를 추구하는 이들을 말합니다. 극단적인 소비 절감, 미니멀리즘, 저축률 극대화로 빠르게 은퇴자금을 모아 40대 전후에 은퇴를 목표로 하지요. 한국에서는 파이어족이란 단어를 들으면 부자가 떠오르는데요.

여러 매체를 통해 국내에 파이어족 개념이 소개될 때 수십억 또는 백억 이상의 돈을 벌고 은퇴한 사례들이 많았기 때문입니다. 'K-파이어족' 개념으로 봐도 되겠어요. 파이어족이 되기 위해 필요한 돈을 계산할 때 '4% 법칙'이 있는데요. 연간 생활비의 25배를 모은 뒤 매년 약 4% 수준으로 지출하면 더 이상 일하지 않아도 먹고 살 수 있다는 개념입니다. 1인 가구로 1년에 2,000만 원을 쓴다면 25배인 5억 원이 필요하고요. 5억 원으로 연평균 5~6% 수익이 발생한다면 4%인 2,000만 원을 지출해도 은퇴 생활이 지속 가능하다는 계산이지요.

하지만 이 법칙을 맹신해서는 곤란해요. 경제 상황이 나빠지거나 투자를 잘못하는 등 손실이 발생할 수도 있으니까요. 실제로 금융 자산 하락으로 다시 일터로 복귀하는 경우도 있다고 하니 주의가 필요합니다.

한국은행 「국민계정」 통계자료에 따르면 2023년 개인순저축률은 4%입니다. 2020년 11.4%를 찍고 다시 하락 중입니다. 그만큼 소득에 비해 소비나 부채가 더 빠르게 증가하고 있다는 의미지요. 생애주기에 따르면 사회초년생부터 결혼 후 자녀가 어린 시기까지는 소비보다 소득이 많은 흑자 상태를 유지하지만 이후 흑자 폭이 점점 줄어들게 됩니다. 사회조년생이나 청년층은

통계보다는 더 높은 비율로 저축해야 합니다.

개인순저축률
4% '23

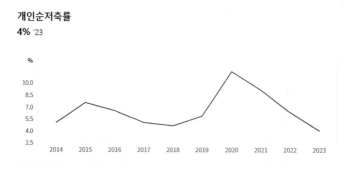

출처: KOSIS

저축률은 개개인의 여건에 따라 달라야 합니다. 천편일률적으로 50% 혹은 70%라고 고정하지 않아도 돼요. 청년층이라면 부모님 집에서의 독립 여부, 소득 차이를 고려해야 해요. 취업 후에도 부모님 집에서 거주하며 출퇴근한다면 매월 월세 또는 전세자금 대출 이자 비용을 절약할 수 있습니다. 주거비용을 아낀만큼 독립한 사례보다는 저축률이 높아야겠지요. 월 소득도 큰 영향이 있습니다. 똑같이 한 달에 100만 원을 사용해도 월급이 200만 원이면 저축률은 50%이지만, 월급이 300만 원이라면 66.7% 저축이 가능합니다.

제가 1인 가구로 거주 당시 고정비용은 월 약 35만 4,000원이었습니다. 실제로는 작성한 고정비용보다도 적게 소비했어요. 주거비용은 관리비+공과금 외에는 없었는데요. 엘리베이터 없는 5평짜리 5층 원룸이라 전세보증금이 굉장히 저렴했고, 대출 받았던 금액은 빠르게 상환했습니다.

1인 가구 시절 월 고정비용

휴대폰 요금 약 7만 원

보험료 약 5만 원

차비 약 3만 원(평소 출퇴근은 자전거)

관리비+공과금 약 5만 원

점심 값 평균 7천 원 X 22일 = 15만 4,000원

합계: 약 35만 4,000원

휴대전화 요금이 약 7만 원으로 많아 보이지만 여기에는 사연이 있습니다. 휴대전화는 LTE 무제한 요금제를 사용하면서 매월 1일에 부모님께 데이터 선물하기 기능을 사용해 데이터를 최대한도까지 보내고 생활했습니다. 덕분에 부모님의 휴대전화 요금 부담이 많이 줄었지요. 집에 인터넷 연결이 되어 있지 않아서 노트북을 사용할 때는 휴대전화의 테더링 기능을 활용했습니다. 종합보험료로 매월 5만 원씩 지출했고요. 자전거로 출퇴근해서 차비는 멀리 이동할 때만 발생했어요. 추가로 절약한 항목은 점심값인데요. 특별히 점심 약속이 없는 날은 자전거를

타고 집에 가서 점심을 해결했습니다. 마트에서 할인하는 계란 한 판을 사서 간장 계란장으로 만들어 두고두고 먹었고요. 식단 조절을 위해 할인하는 두부를 구매해서 식사 대용으로 부쳐 먹기도 했습니다.

고정비용에서 점심값까지 절약한 금액에 개인적으로 쓴 돈을 합치니 최소 52만 원으로도 한 달 생활이 가능했습니다. 한 달에 52만 원을 소비하면 월급이 200만 원이라도 저축률은 74%가 됩니다. 월급이 300만 원이라면 82.7% 저축이 가능합니다. 물론 매달 52만 원으로 생활하지는 못했고요. 연말모임이 있거나 경조사가 있는 달에는 좀 더 지출했습니다.

혹시 '나는 월급이 작고 소중해서 저축을 못 하는 거야! 월급만 많았어도 많이 저축했을 텐데'라고 자기합리화하고 있지는 않나요? 자신의 소비 패턴을 파악하고 매월 정해진 금액을 저축 또는 투자한 후에 나머지 금액으로 생활하는 습관을 들인다면 월급이 적더라도 일정한 저축률을 유지할 수 있습니다.

가계부 쓰기가 귀찮은데요

새해 결심으로 가계부를 꼼꼼하게 작성해서 앞으로는 새어나가는 돈이 없게 하겠다는 목표를 세워본 적이 있나요? 가계부를 작성하면 좋은 점이 많습니다. 일단 수치로 내 재정 상황을 정확하게 파악할 수 있어요. 이번 달 월급은 얼마나 들어왔는지, 월급 외 소득은 얼마인지, 그중에서 어떤 항목으로 어떤 소비를 했는지가 객관적인 지표로 나옵니다. 회사 업무로 인한 스트레스를 풀기 위해 야식을 몇 번 먹었는지, 울적한 마음을 풀기 위해 새로운 물건을 사진 않았는지도 확인이 가능하지요.

가계부는 단순히 항목과 숫자를 기록하는 것만으로도 충동적인 소비를 줄이는 데 도움이 됩니다. 매달 지출 명세에 대해 피드백하는 시간을 갖는다면 효과는 두 배가 되지요. 작성한 가계부를 살펴보면서 꼭 필요한 소비였는지를 확인하고, 불필요한 소비에 대해 반성하다 보면 습관이 잡힙니다. '스트레스를 받이도 절대 배달 음식을 주문하지 말고 참아'라는 게 아닙니다. 식비 항목으로 정한 금액이 있다면 그 한도 내에서 소비하도록 연습을 해보세요.

가계부를 꾸준히 작성하면 '목돈 모으기' 목표설정에 큰 도움이 됩니다. 월 평균 소득과 지출 항목을 정리하면 월별 저축 가능 금액이 나옵니다. 1년 동안 가계부를 작성하면 한 해 얼마를 모았는지도 확인이 가능하지요. 올해 저축한 돈이 2,000만 원이라면 내년에는 연봉상승, 월급 외 수입, 이사로 인한 지출 등을 고려해서 목표 금액을 설정할 수 있습니다.

가계부를 작성하면 좋은 건 알겠는데, 어떤 가계부를 고르면 좋을까요? 시중에 가계부 종류가 워낙 많아서 고민이 될 수 있습니다. 종이 가계부부터 엑셀 가계부, 각종 가계부 앱 등 다양한 선택지가 있는데요.

"
가계부를 꾸준히 작성하면 '목돈 모으기'
목표설정에 큰 도움이 됩니다.
"

저처럼 가계부 쓰는 걸 귀찮아하는 사람이라면 가계부 기능이 있는 앱을 활용해보세요. 토스 앱이나 뱅크샐러드 앱과 같이 금융회사 정보를 연결하는 형태가 가장 편리합니다. 핀테크 업체뿐만 아니라 은행 등 금융권 자체 앱에서도 가계부 기능을 제공하기도 하니 자신에게 가장 잘 맞는 서비스를 선택해보세요. 금융권 정보를 연결해두면 카드를 사용 시 항목까지 분류해줍니다. 음식점에서 식사 후 카드로 결제하면 식비 항목으로 자동 입력되고요. 항공권이나 숙소 결제를 하면 여행 항목으로 자동 분류가 됩니다. 단순 계좌이체 거래가 소득 또는 지출로 잡힌 경우 간단한 조작으로 제외할 수도 있습니다.

종이 가계부나 엑셀 가계부를 사용하는 경우 10원, 100원 단위까지 모두 기억을 더듬어 작성하지 않아도 됩니다. 사소한 금액까지 100% 맞추려고 노력하다가 지쳐 가계부 쓰는 걸 포기하게 될 수도 있으니까요. 당연한 이야기지만 현금보다 체크카드를 사용하면 거래기록이 남아서 사용 명세를 잊어버릴 일이 없습니다.

가계부를 제대로 써본 적이 없거나 여러 번 포기한 경험이 있는 분도 이번 기회에 다시 한번 도전해보는 건 어떨까요?

예·적금으로 어느 세월에 부자가 되나… 주식, 코인하면 안 되나요?

주식이나 가상화폐 투자를 무조건 말리는 건 아니에요. 예·적금 포트폴리오는 원금 손실이 없어서 안전하지만, 금리 하락기에는 계좌에 들어온 이자를 보면 한숨이 나올 때도 있거든요. 저는 가상화폐 투자는 비중이 거의 없습니다. 하지만 주식과 펀드에는 일부 비중을 가지고 있어요.

가상화폐 투자를 참을 수 없다면 우량코인 소액 투자

가상화폐는 시장 마감이라는 개념이 없어서 새벽에도 가격이 출렁거립니다. 가격 변동이 워낙 크기 때문에 잠을 자다가 새벽에 깨서 시세를 확인한 적도 많습니다. 수면 시간이 부족해지면서 일상생활에 불편함을 겪었고, 결국 보유한 가상화폐를 모두 매도하고 가상화폐 거래 앱을 삭제했던 적도 있습니다. 가상화폐 투자를 하고 싶다면, 우선 비트코인 등 우량 코인에 소액으로 투자하길 바라요. 가상화폐는 변동성이 큰 만큼 하루에 10% 상승해서 100만 원의 수익이 생길 수도 있지만, 다음날 10% 하락한다면 110만 원이 사라질 수도 있습니다. 일상생활에 지장이 생길 정도로 가상화폐의 세계에 빠지는 건 소탐대실입니다.

주식 투자도 참을 수 없다면 우량주 소액 투자

단기간에 매수와 매도를 반복하는 단타 거래는 추천하지 않습니다. 주식 초보가 시도할 영역이 아니에요. 특정 테마를 주제로 급등과 급락을 오가는 주식은 더더욱 손을 대지 말아야 합니다. 전업 투자자도 손해를 많이 보는 영역입니다.

처음 주식투자에 입문할 때 잃어도 되는 여윳돈으로 시작하라는 이야기도 있는데요. 잃어도 되는 돈은 없습니다. 한 달에 100만 원 저축하던 사람이 주식투자로 600만 원을 잃으면 목돈 모으기 목표가 6개월 멀어지게 되지요. 회사에 6개월 더 출근해서 일해야 모을 수 있는 돈이 사라지는 거예요.

처음에는 누구나 이름을 들으면 알 만한 우량 주식에 매월 일정 금액을 적립식으로 소액 투자하는 게 좋습니다. 소액의 기준을 결정하는 건 어렵지 않습니다. 주식 매수 후 매일 주가를 확인하지 않아도 걱정이 되지 않을 정도의 금액을 투자하면 됩니다. 우량 주식은 경제 신문이나 뉴스에도 자주 언급되는 만큼 경제 공부를 하면서도 정보를 얻을 수 있습니다.

공모주 투자로 주식 공부와 투자를 동시에

공모주 투자는 일반 주식투자보다 상대적으로 위험이 적은 투자 방법이에요. 공모 주식이 증권거래소에 상장하면 공모 가격보다 상승하는 경우가 많기 때문이지요. 소액으로도 투자가 가능하고, 목돈을 운용하면 더 많은 주식을 배정받아서 수익을 극대화할 수 있습니다. 모든 공모주가 수익이 나는 건 아니에요. 공모 가격보다 해당 기업이 과대평가 된 경우 상장 당일 하락하는 상황도 발생합니다.

공모주청약

기업이 공개를 통해 증권시장에 상장되는 경우 일반인으로부터 청약받아 주식을 배정하는 것을 의미한다. 공모주 청약에 의한 주식의 취득은, 공모 주식이 증권거래소에 상장된 후 주가가 대개 발행가를 웃돌아 공모주 청약을 하면 많은 시세 차익을 얻을 수 있다.

> 따라서 투자위험이 그리 크지 않으면서 상대적으로 높은 수익을 올리는 방법으로 알려져 인기가 많은 편이다. 일반 투자자들이 공모주 청약을 하기 위해서는 증권저축 또는 공모주 청약예금에 가입해야 한다.

출처: 기획재정부 시사경제용어사전

공모주 청약은 증권사 홈페이지나 모바일 앱에서 신청할 수 있어요. 공모주마다 주관하는 회사가 정해져 있습니다. 관심 있는 공모주를 주관하는 증권사의 주식계좌를 만들어야 해요. 증권사에 따라 청약 당일에 만든 계좌는 청약 신청 자격이 없을 수도 있으니, 미리 가입을 해두세요. 그리고 공모주 청약 기간에 증권사에서 정해 놓은 최소청약수량 이상으로 신청하면 됩니다. 공모주 청약에 신청한 사람이 많으면 신청한 수량에 비해 적은 수량을 배정받는데요. 배정받지 못한 나머지 금액은 환불받을 수 있으니 걱정하지 않아도 됩니다.

공모주 투자의 꽃 '따상'

많은 투자자의 기대를 받는 공모주의 상장일에는 주식을 사려는 세력이 몰립니다. 상장 직진에 주식 매수세가 강하며 시초 가격이 최대 4배에서 결정되는데요. 공모 가격이 1주에 50,000원이라고 가정하면 시초 가격은 최대 200,000원이 되는 거죠. 시작하자마자 주당 최대 150,000원의 수익이 발생합니다. 주식 시장이 열리는 오전 9시부터는 일반 주식처럼 거래가 되는데요. 상장일에는 공모가의 60%~400%의 범위에서 주가가 움직입니다.

공모주 청약 예시

공모가: 50,000원

상장일 최고(공모가 400%): 200,000원

상장일 최저(공모가 60%): 30,000원

공모주 투자도 엄연한 투자인 만큼 원금을 보장해주지는 않습니다. 주식 시장이 좋지 않거나 해당 공모주가 과대평가 되었다면 손실이 발생할 가능성도 있습니다. 그래도 앞으로 성장이 기대되는 주식에 대해 공부도 하면서 커피 또는 치킨값 이상의 시세차익도 기대할 수 있는 투자 방식인 만큼 한 번쯤 경험해보시길 바랍니다.

일단 적금으로
1,000만 원 모으기

힘들게 취업에 성공해서 월급을 받기 시작하면 어떻게 돈을 모아야 할까요? 예·적금으로는 물가 상승률도 따라잡기 힘드니 투자해야 한다는 이야기도 있고요. 최소 월급의 절반 이상을 저축하라는 말도 있습니다. 사회생활을 먼저 시작한 사람들에게 물어보면 대답도 각양각색인데요. 각자 처한 상황이 다르기 때문에 자기 경험을 바탕으로 이야기를 하는 거죠. 그래서 조언을 많이 구하면 구할수록 혼란스러운 상황이 발생하기도 합니다.

적금이나 투자보다 일단은 비상금을 모으자

첫 월급을 받고 바로 무리한 금액의 적금 상품에 가입하는 건 추천하지 않습니다. 목돈 모으기에 의욕을 갖는 건 좋지만, 아직 수입과 지출의 흐름이 안정적이지 않은 만큼 비상금을 먼저 확보하는 게 좋아요. 비상금 없이 저축하다가 목돈이 들어갈 상황이 생기면 곤란에 처할 수 있거든요. 적금 만기가 얼마 남지 않은 상황이면 더욱 아쉬운 마음이 들 거예요.

그렇다면 비상금은 얼마나 어디에 모아두어야 할까요? 개개인의 상황이 다르기 때문에 무조건 이 금액이라고 단정할 수는 없지만 월 생활비의 최소 3개월에서 6개월 정도면 괜찮습니다. 월 생활비가 100만 원이라면 비상금 계좌에 300만 원에서 600만 원을 넣어두는 거죠. 부모님 집에 함께 거주해서 월세가 발생하지 않는 상황인 경우에는 3개월 정도도 괜찮겠습니다. 하지만 독립해서 자취하는 경우에는 갑자기 일을 그만두는 상황 등이 발생할 것을 대비해서 더 많은 비상금이 필요합니다. 소득이 발생하지 않아도 전세대출 이자 또는 월세는 내야 하니까요.

비상금은 파킹통장에 보관하는 게 가장 효율적입니다. 급한 상황이 생겼을 때 바로 출금이 가능해야 하고요. 하루만 보관해도 이자를 받을 수 있기에 추천해요. 파킹통장은 높은 금리를 제공하는 입출금계좌를 말하는데요. 1금융권 은행이나 2금융권 저축은행 상품 중에서 선택하면 됩니다. 시중은행이나 저축은행 모두 5,000만 원 한도로 예금자 보호가 적용되니, 금리가 높은 저축은행을 선택해도 괜찮습니다. 저는 최대 연 5% 금리를 제공하는 저축은행의 파킹통장을 사용하고 있는데요. 웬만한 정기예금보다 높은 수준이라, 비상금이지만 매달 쏠쏠한 이자를 받고 있어요.

파킹통장에 비상금 모으기에 성공했다면 1차 목표인 1,000만 원 모으기는 금방이에요. 갑자기 소득이 끊기는 불상사가 발생하지 않는다면요. 1,000만 원에서 비상금을 제외한 금액을 계산해서 적금 상품에 가입합니다. 비상금으로 400만 원을 모았다면, 나머지 600만 원을 모으기 위한 적금에 가입하는 거예요. 600만 원을 12개월로 나누면 매월 납입할 원금은 50만 원이 됩니다.

매월 적금 납입 금액 설정하기

= (1,000만 원 - 비상금) / 12개월

이자까지 고려해서 월 납입 금액을 정하기보다는 원금을 기준으로 계산하는 게 편해요. 연 5% 금리로 월 50만 원씩 1년 만기 적금 상품에 가입하면 세금 15.4%를 제외하고 137,475원의 이자를 받을 수 있습니다.

연 5% 금리 1년 만기 상품에 월 50만 원 납부 결과

원금합계: 6,000,000원

세전이자: 162,500원

이자과세(15.4%): -25,025원

원금+세후이자: 6,137,475원

매월 저축하는 금액을 늘리면 1,000만 원 달성 기간은 훨씬 빨라집니다. 개인마다 소득도 다르고 처한 상황도 다를 거예요. 사회초년생이라 월급이 적을 수도 있습니다. 하지만 월급이 200만 원이라도 절반을 저축할 수 있다면 600만 원이란 돈은 6개월이면 모을 수 있어요.

1,000만 원에서 3,000만 원 만들기

목돈 1,000만 원 모으기에 성공했다면 이제 본격적으로 정기예금과 적금 상품을 동시에 관리할 시기입니다. 만기 된 적금은 정기예금으로 묶어 두고 새로운 정기적금 상품에 가입하면 됩니다.

월급의 50% 이상 가입을 한다면 더욱 속도가 빨라지겠죠? 매월 납입하는 금액이 100만 원 이상이라면 절반씩 나눠서 2개 가입하면 급전이 필요할 때 하나만 해지를 할 수 있어요. 비상금과 적금 통장 분산으로 이중 방어가 가능합니다. 파킹통장에 비상금이 400만 원 있고, 월 50만 원 납입한 적금이 만기가 되었다고 가정해볼게요.

현재 자산 1,000만 원	현재 자산 1,000만 원 + 저축 금액
파킹통장(비상금): 400만 원 만기 적금 원금: 600만 원 + 이자	파킹통장(비상금) 400만 원 정기예금: 600만 원 + 이자 정기적금(신규가입): 저축 금액

목돈 모으는 방법을 조사해보면 '풍차 돌리기'에 대한 정보를 찾을 수 있는데요. '풍차 돌리기'도 좋은 방법이지만 장단점이 있습니다. 매달 새로운 상품에 가입해서 돈을 불리는 모습이 풍차가 돌아가는 모습과 비슷하다고 해서 붙여진 이름입니다.

가장 쉬운 방법은 매달 새로운 1년 만기 정기예금 상품에 가입하는 거예요. 1년이 지나면 12개의 정기예금 통장을 갖게 되고, 매달 만기가 도래하기 때문에 성취감도 생기는 방식이에요. 13개월 차에는 만기가 된 첫 번째 정기예금 원금과 이자에 해당 월의 저축 금액을 합쳐서 새로운 정기예금에 가입하면 복리 효과가 있습니다. 갑자기 돈이 필요한 상황이 생겨도 계좌를 여러 개로 분산해두었기 때문에 가장 최근에 가입한 계좌 1개만 해지하면 됩니다. 이자 손실을 최소화할 수 있지요.

	1월	2월	3월	…	11월	12월
예금1	100만 원					
예금2		100만 원				
예금3			100만 원			
…				100만 원		
예금11					100만 원	
예금12						100만 원
월저축액	100만 원	100만 원	100만 원	100만 원	100만 원	100만 원

단점으로는 강제성이 떨어지기 때문에 매달 같은 날짜에 일정한 금액을 넣기 힘들 수 있어요. 어느 정도 의지가 필요한 일입니다. 매달 높은 금리의 정기예금 상품을 찾아 가입해야 하는 번거로움도 있어요. 저축 습관이 정립되지 않은 상태에서는 관리가 쉽지만은 않습니다.

저축액을 늘려서 월 100만 원씩 저축하면 원금 기준으로 2,000만 원을 추가로 모으는 건 1년 8개월이 걸립니다. 가입한 적금과 예금 이자가 있으니 실제로는 조금 더 기간이 단축되고요. 허리띠를 바짝 졸라매어 한 달에 166만 원씩 저축하는 경우 단 1년 만에 총자산 3,000만 원 달성이 가능해집니다. 이자는 가입 시점의 금리에 따라 달라지는 만큼 보너스라고 생각하고, 매월 저축할 원금에 집중하는 게 관리가 쉽습니다.

> 월 166만 원, 1년 만기 적금, 연 4% 금리 상품 가입 시
>
> 원금 합계: 19,920,000 원
>
> 세전 이자: 431,600원
>
> 이자 과세(15.4%) -66,466원
>
> 원금+이자: 20,285,134원

3,000만 원 목표를 달성하고 나면 추가로 받은 이자로 나를 위한 소소한 선물을 하는 것도 동기부여 차원에서 좋아요. 목돈 1억 모으기는 단기전이 아닌 장기 프로젝트인 만큼 중간에 잠시 숨을 돌리는 시간도 필요합니다.

3,000만 원에서 5,000만 원 만들기

개인마다 매월 저축하는 금액이 다르기 때문에 가입한 적금 상품의 만기 시점이 아니라 중간에 3,000만 원 목표를 달성할 수도 있습니다. 개인마다 시점은 다르지만 목돈 3,000만 원을 모으는 시간이 짧으면 짧을수록 5,000만 원은 순식간에 달성이 가능해집니다. 목돈을 빨리 형성했다는 건 절약하는 생활이 몸에 배었다는 의미니까요. 소비보다는 절약해서 돈을 모으는 과정에서 즐거움을 느끼게 된다면 금상첨화입니다.

목돈이 주는 안정감

계좌에 목돈이 있으면 기대 이상의 안정감을 느낄 수 있습니다. 계좌에 3,000만 원을 모았다고 가정해볼까요. 회사가 문을 닫는 최악의 상황이 발생해도 한 달에 50만 원씩 소비하면 무려 5

년이나 버틸 수 있는 돈이에요. 예·적금 이자를 고려하면 실제로는 더 오래 버티는 게 가능하지요. 한 달에 50만 원 이내로 사용하는 게 가능할까요? 부모님과 함께 거주하고 있거나 독립했지만, 월세가 발생하지 않는 조건이라면 가능합니다. 출근하지 않으면 밖에서 비싼 점심을 먹을 일이 없거든요. 커피값도 줄어들고 결정적으로 스트레스를 받아서 소비하는 홧김 소비가 많이 줄어들어요. 실업 급여를 받을 수 있는 상황이라면 오히려 돈이 모이기도 합니다. 물론 갑자기 소득이 끊기는 상황은 발생하지 않는 게 좋겠지만 최악의 상황도 대비가 가능하다는 측면에서 이야기를 해봤어요. 부동산 가격이 워낙 비싸다 보니 집을 구하는 비용과 비교하면 3,000만 원이 작게 느껴질 수도 있지만 분명 큰돈입니다.

자산 포트폴리오 정비하기

5,000만 원 목돈 모으기 목표를 위해 포트폴리오를 한 번 재정비를 해줍니다. 만기된 적금은 지체 없이 정기예금 상품으로 옮겨주고요. 이때 기존에 있던 정기예금 금액과 꼭 합칠 필요는 없습니다. 비상금 계좌와 분산 가입 적금, 분산가입 정기예금 3중으로 리스크를 예방할 수 있어요.

자산 3,000만 원 포트폴리오 예시

파킹통장(비상금): 400만 원

정기예금1호: 600만 원 + 이자

정기예금2호: 1,200만 원 + 이자

정기적금1호(진행 중): 400만 원(월 50만 원, 8개월 차)

정기적금2호(진행 중): 400만 원(월 50만 원, 8개월 차)

3,000만 원에서 5,000만 원 구간은 본격적으로 스노우볼을 굴리기 위한 습관을 확립하는 과정으로 생각해주세요. 소득을 늘릴 방법을 찾는다면 1억 모으기에 가속도가 붙는데요. 소득이 높아지면 저축액도 많아지겠죠? 저축 금액을 늘리는 방법은 크게 3가지가 있어요. 이직과 부업 그리고 절약인데요. 제 경우 절약은 닭가슴살을 주식으로 하는 생활을 이미 한계까지 하고 있어서 더 줄여지지 않더라고요. 부업거리를 찾기보다는 경력을 쌓고 자기 계발을 하는 게 더 빠르겠다고 판단했는데요. 결국 더 많은 연봉을 받는 회사로 이직하면서 목돈 모으기에 필요한 기간을 단축할 수 있었습니다.

스노우볼 효과로
1억 원 만들기

5,000만 원부터는 본격적으로 스노우볼 효과가 발생하면서 속도가 붙습니다. 처음 목돈 모으기를 시작했을 때는 높은 금리를 제공하는 예·적금 상품에 가입해도 이자 금액이 적었어요. 납입한 원금이 적었기 때문이죠. 하지만 저축한 금액이 많으면 많을수록 돈이 모이는 속도가 빨라집니다. 테마주식이나 잡코인에 투자하지 않아도 목돈 1억 모으기는 충분히 달성할 수 있어요.

> "
> 저축한 금액이 많으면 많을수록
> 돈이 모이는 속도가 빨라집니다.
> "

가입한 정기예금 상품도 복리로 계산하면 유의미한 이자가 발생하게 되지요. 3,000만 원을 연 5% 금리의 1년 만기 정기예금 상품에 가입하면 세전 이자가 150만 원입니다. 이자 과세

15.4%를 제외해도 세후 이자만 126만 9,000원이 발생해요. 새마을금고나 신협과 같은 상호금융회사에서는 조건 충족 시 1인당 3,000만 원까지 이자소득세 면제를 받을 수도 있습니다. 시중 금리는 계속 변동이 되는 만큼 발품을 팔아서 특판 예·적금 상품을 잘 찾아보는 게 중요합니다. 금액이 커질수록 이자 1%의 차이가 엄청나기 때문이지요.

자산 5,000만 원 포트폴리오 예시

파킹통장(비상금): 400만 원

정기예금 1호: 1,000만 원 + 이자

정기예금 2호: 1,200만 원 + 이자

정기예금 3호: 1,200만 원 + 이자

정기적금 1호(진행 중): 600만 원(월 75만 원, 8개월 차)

정기적금 2호(진행 중): 600만 원(월 75만 원, 8개월 차)

3,000만 원의 2배인 목돈 6,000만 원을 연 5% 금리 1년 만기 정기예금 상품에 가입한다면 세전 300만 원, 15.4%의 세금을 제외해도 253만 8,000원을 받게 돼요. 월 20만 원 이상의 월세를 받는 것과 같은 효과가 있습니다.

청약통장 점검하기

목돈 1억 모으기 목표가 다가오면 가지고 있는 주택청약통장을 점검해보세요. 어느 지역에 사는지에 따라 주택 가격은 천차만 별이지만 1억이라는 돈은 내 집 마련의 초석이 될 큰돈입니다. '월급 모아서 언제 내 집 마련하지?'라고 막연하게 생각했던 일이 현실이 될 수 있습니다. 그동안 여유가 없어서 미납 회차가 쌓여 있는 경우 매월 납입하는 적금의 일부를 돌려서 납입을 해주세요. 청약통장은 매월 1회차 납부를 기준으로 하니, 미납 회차를 줄이기 위해서는 월 2회 이상 납부를 해야 합니다.

살고 있는 지역에 분양가 3억 원의 소형 아파트 청약 공고가 나왔다고 가정해볼게요. 3억 원을 모두 모은 후에 아파트청약에 도전하는 게 아니에요. 목돈 1억 모으기에 성공했다면 나머지 금액은 대출 상품을 활용하면 됩니다. 아파트 당첨된 후에 실제 입주까지 몇 년 이상 기다려야 하는 경우가 많기 때문에 그사이에 돈을 더 모을 수도 있고요. 그래도 고금리 시기에는 대출이 부담스럽기 마련인데요. 무주택 서민을 위한 내집마련디딤돌대출, 신혼부부전용 구입자금 대출이나 보금자리론과 같은 기금 대출 상품을 잘 활용하면 낮은 금리로 많은 대출을 받을 수 있습니다.

월급을 열심히 저축해서 모은 목돈 1억 원의 가치는 아주 큽니다. 저축은행 정기예금이나 2금융권 특판 예금 상품에 분할해서 가입하면 작은 원룸 월세를 받는 듯한 효과도 있고요. 1억을 바탕으로 내 집 마련에 도전할 수도 있습니다. 목돈 1억 모으기 성공은 삼포세대를 넘어 N포세대라는 말이 나올 정도로 청년들이 막막하게 느끼는 어려운 상황을 반전시킬 수 있는 계기가 됩니다. 지금부터 시작해도 늦지 않았어요. 장기전인만큼 1,000만 원 모으기부터 차근차근 시도해보시길 바라요.

1억 모으기
위기의 순간들

계좌에 1억 원이 찍히기까지 힘든 순간도 많았습니다. 변동성이 큰 테마주식, 가상화폐 투자는 하지 않았기 때문에 잔고가 천천히 늘어나는 게 답답하기도 했어요. 1,000만 원을 모을 때마다 작은 선물을 했던 게 슬럼프를 극복하는 데 큰 도움이 되었습니다.

한 번에 너무 큰 목표를 세우고 긴 시간 달리는 건 힘든 일입니다. 돈을 모으는 일도 마찬가지지요. 그렇다고 나에게 너무 큰 선물을 하게 되면 의미가 없습니다. 마치 힘들게 다이어트하다가 치팅 데이에 치킨, 피자, 햄버거 등을 폭식하는 것과 비슷하지요.

평소 하고 싶었던 것 또는 갖고 싶었던 것 중 하나만 선택하는 게 중요합니다. 또한 내가 모은 돈에 비해 과도한 지출도 지양해야 합니다. 힘들게 1,000만 원을 모은 후 유럽 여행으로 500

만 원을 사용하거나 수백만 원 상당의 명품을 구매하는 것도 안 됩니다. 그럼 중간 목표를 달성했을 때 나를 위한 선물은 어느 정도가 좋을까요?

기준을 정하기 어렵다면 모은 자산의 5% 이내를 권장해 드립니다. 예를 들어 1,050만 원을 모은 후 최대 50만 원 한도 내에서 지출하면 됩니다. 왜 1,050만 원일까요? 돈을 모을 때 앞자리가 바뀔 때 오는 성취감을 유지하기 위함입니다. 힘들게 잔고의 앞자리를 바꾸었는데 다시 원래대로 돌아간다면 기운이 빠지더 군요.

목표 달성 후 저는 주로 여행을 다녀왔습니다. 초반에는 국내 여행을 가다가 큰 목표를 달성한 후에는 해외여행도 다녀왔습니다. 5,000만 원을 모았을 때는 250만 원 정도 더 저축해서 동유럽에 가볼까 고민도 했었는데요. 힘들게 5,250만 원을 모아서 250만 원을 쓰면 그만큼 6,000만 원 목표가 멀어진다는 생각이 먼저 들더군요.

여행을 떠나서도 낭비하지 않았어요. 저렴한 게스트 하우스 또는 호스텔에서 묵으면서 숙박비를 아꼈고, 식사는 현지 식사로 해결하면 한 끼에 2,000~3,000원으로도 가능했습니다. 매일 공용 숙소에만 묵으면 피로가 쌓이기 때문에 한국으로 귀국하기 전 마지막 1박만 좋은 호텔에서 체력을 회복하는 식으로 여행 경비를 조절했습니다.

1,000만 원 목표를 달성할 때마다 어떤 선물을 줄지 미리 작성해 보면 동기부여에 도움이 됩니다. 분명 처음에는 1,000만 원마다 50만 원을 꽉꽉 채워서 쓰겠다는 목표를 세웠었는데요. 절약하는 기간이 길어질수록 나를 위한 선물을 쓰기보다는 다음 목표를 빨리 달성하고 싶다는 생각이 강해졌습니다.

1억 모으기 성공 후에는 기나긴 여정에 대한 보상으로 유럽 여행을 다녀올지 생각도 했었습니다. 하지만 유럽을 단기 여행으로 다녀오기에는 너무 아깝다고 판단해서 보류했고, 아직도 출발하지 못하고 있습니다. 유럽은 나중에 더 여유가 생겼을 때 길게 다녀올까 합니다.

1억 모으기 프로젝트는 뒤로 갈수록 속도가 붙습니다. 나와 함께 내 자산도 일을 하기 때문이지요. 절약에 대한 고통도 후반으로 갈수록 줄어듭니다. 이미 절약하고 저축하는 습관이 형성되었기 때문입니다. 중간에 나를 위한 선물로 격려하면서 위기의 순간들을 극복해 보시길 바랍니다.

목표 달성 보상 예시(1,000만 원 저축마다 한도 50만 원)

1,000만 원 달성 - 1,050만 원 모으고 국내 여행(한도 50만 원)

2,000만 원 달성 - 동남아 여행을 위해 선물 보류

3,000만 원 달성 - 3,100만 원 모으고 동남아 여행(한도 100만 원)

4,000만 원 달성 - 동유럽 여행을 위해 선물 보류

5,000만 원 달성 - 6,000만 원 달성을 위해 동유럽 보류

6,000만 원 달성 - 6,150만 원 모으고 노트북 교체(한도 150만 원)

7,000만 원 달성 - 8,000만 원 달성을 위해 선물 보류

8,000만 원 달성 - 8,100만 원 모으고 동남아 여행(한도 100만 원)

9,000만 원 달성 - 1억 원 달성을 위해 선물 보류

1억 원 달성 - 단기 유럽 여행 비용이 아까워서 여전히 보류 중

사회 초년생이 챙겨야 할 연말정산 Tip

힘든 취업 시장을 뚫고 회사에서 일하다 보면 연초마다 연말정산 시기가 돌아옵니다. 연말정산을 하는 이유는 일을 하기 위해 쓴 비용들을 국가로부터 돌려받기 위해서입니다. 일을 하면서 가족을 부양하거나 보험료, 의료비 등 지출한 내용을 공제받는 개념이에요.

연말정산

1년간의 총급여액에 대한 근로소득 세액을 소득세법에 따라 계산한 뒤 매월 급여 지급 시 간이세액표에 의해 이미 원천징수 한 세액과 비교해 이듬해 1월분 급여 지급 시 차액을 돌려주는 제도를 말한다. 즉 그해에 세금을 많이 징수했다면 차액을 되돌려주고 적게 징수한 세액은 더 걷는 절차다.

자신의 총급여액(급여액-비과세소득)에서 각종 공제액을 뺀 금액이 과세표준이 되는데, 여기에 기본세율을 곱하면 산출세액이 나온다. 이 산출세액에 세액공제를 빼면 결정세액이 되며, 여기에 기납부세액과 가산세를 가감해 정산세액을 결정한다.

출처: 기획재정부 시사경제용어사전

연말정산 꼭 해야 하나요?

매월 받는 월급의 명세서를 살펴보면 공제되는 항목들이 있습니다. 직장인은 매달 근로소득의 일정 비율을 세금으로 납부하는데요. 이러한 과정을 원천징수라고 합니다. 월급에서 공제되어 낸 세금은 확정된 금액이 아니에요. 연말정산 과정을 거치면 결정세액이 나오는데요. 한 해 동안 결정세액보다 더 많은 세금을 납부했다면 돌려받게 되고요. 반대로 결정세액보다 적은 세금을 낸 경우에는 차액만큼 추가로 세금을 납부해야 합니다.

연말정산으로 환급받는 과정을 13월의 월급이라고도 하는데요. 사실 환급을 많이 받았다는 건 한 해 동안 미리 세금을 많이 내두었다는 의미라 엄청나게 좋아할 일까지는 아닙니다. 반대로 추가로 세금을 내는 사람은 매달 세금을 덜 냈었다는 의미라 나

쓰게 생각할 일은 아닙니다. 물론 갑자기 목돈이 빠져나가는 느낌이라 기분이 나쁠 수는 있어요.

사회초년생 연말정산 공제 항목

아쉽게도 부모님 집에서 거주하는 사회초년생은 공제받을 항목이 많지 않아요. 신용카드, 체크카드, 현금영수증 지출 내역에 대해 공제받을 수 있는데요. 아쉽게도 총급여액의 25%를 초과해서 사용한 금액만 대상이 되기 때문이에요. 1년 총급여액이 4,000만 원이라면 1,000만 원을 초과해서 사용한 금액의 일정 비율만 공제받게 됩니다. 열심히 절약하고 저축하는 습관을 유지했다면 소비를 통해 공제받는 건 크게 기대하지 않는 게 마음 편합니다.

중소기업 재직자는 중소기업 청년 취업자 소득세 감면제도를 필수로 챙겨야 해요. 중소기업에 다니는 청년에게 5년 동안 최대 90%의 소득세를 감면해주는 좋은 제도이지요. 소득세를 최대 150만 원까지 감면받을 수 있는 꿀 같은 정책입니다.

자취하는 직장인이라면 주택 관련 공제가 가능합니다. 무주택 세대주이면서 총급여액이 7,000만 원 이하인 경우, 청약통장에 연 300만 원 한도로 납입한 금액의 40% 소득공제 혜택이 있습니다. 매달 집주인에게 이체한 월세도 공제 대상이고요. 전세자금대출을 받아 은행에 납부한 이자도 공제받을 수 있습니다. 매년 공제받을 수 있는 비율과 한도가 조금씩 다를 수 있다는 점도 기억해두세요.

그 외 국세청 홈택스에서 조회되지 않는 의료비, 교육비, 안경 구입비, 기부금 등은 잊지 말고 직접 챙겨야 공제를 받을 수 있습니다.

연말정산을 처음 해보면 도대체 이게 다 무슨 말인지 어렵게 느껴지는데요. 모든 공제 대상 내역에 대해 자세히 알 필요는 없습니다. 실제 자신에게 해당하는 항목을 찾아 조금만 신경 쓰면 됩니다. 귀찮다고 공제받을 내역이 있는데 제출하지 않아서 손해를 보는 일은 없어야겠습니다.

오늘 당장 현금흐름이 생기는 공모주 투자 따라하기

공모주 투자는 소액으로 지금 당장 시작할 수 있는 투자 방법입니다. 손실 위험이 아예 없는 건 아니지만 상대적으로 손해 볼 가능성이 낮은 편이고, 소액으로 시작하면 부담도 적습니다. 처음에는 최소 수량으로 균등 청약으로 시작하고, 조금씩 비례 청약도 도전해 보면 됩니다.

공모주 상장 정보는 네이버 검색으로 쉽게 조회가 가능합니다. 검색창에 '공모주' 입력 후 증권 정보 항목입니다. 상장 예정 종목의 이름, 공모가격, 상장 단계, 주관사 그리고 청약 종료일 정보를 목록으로 볼 수 있어요. 공모가격이 8,000~10,000원과 같이 범위로 되어 있는 경우는 아직 공모가격이 확정되지 않았다는 걸 의미합니다.

증권정보

국내증시 ▾   IPO종목 ▾

종목명	공모가	상장단계	주관사	청약종료일
아이언디바이스	7,000	공모청약	대신증권	2024.09.10.
케이비제30호기업인수목적	2,000	공모청약	KB증권	2024.09.11.
제닉스	40,000	공모청약	신영증권	2024.09.20.
토모큐브	10,900~13,400	수요예측	대신증권	2024.10.04.
셀비온	10,000~12,200	심사승인	대신증권	2024.10.08.
인스피언	8,000~10,000	심사승인	한국투자증권	2024.10.08.
한켐	12,500~14,500	심사승인	신영증권	2024.10.08.
루미르	16,500~20,500	심사승인	NH투자증권	2024.10.11.
신한제14호스팩	2,000	심사승인	신한투자증권	2024.10.11.
와이제이링크	8,600~9,800	심사승인	KB증권	2024.10.11.

IPO종목 더보기 >

출처: 네이버 검색

목록에서 관심있는 종목명을 클릭하면 좀 더 자세한 정보를 볼 수 있어요. 자세한 청약 일정과 상장일 그리고 기업 개요와 홍보 자료도 확인 가능합니다.

제닉스 KOSDAQ

청약일정	2024.09.19~2024.09.20	공모가	40,000원
경쟁률	미정	진행상태	공모청약 ⓘ
상장일	2024.09.30	청약증권사	신영증권

PDF IR [IPO] 제닉스 IR BOOK   PDF IR [IPO] 제닉스 기업개요

출처: 네이버 검색

어떤 종목에 투자해야 할지는 어떤 기준으로 판단할까요? 소액으로 공모주 투자를 하면서 기업을 꼼꼼하게 분석하기는 어렵습니다. 가장 눈여겨볼 지표는 기관 대상 수요예측 경쟁률인데요. 기관 경쟁률이 수익을 보장하지는 않지만 1,000:1 이상의 높은 경쟁률을 기록하는 경우 수익 가능성이 높습니다. 청약 신청 전에 네이버 또는 유튜브에 '종목명 + 수요예측' 검색 시 쉽게 정보 확인이 가능하지요.

공모주 청약을 전문으로 하는 유튜버들의 영상을 참고하는 것도 좋습니다. 해당 종목의 공모주 청약에 참여할지 여부를 알려주는 크리에이터도 있거든요. 물론 최종 결정은 투자자 본인이 해야 합니다.

공모주 청약 신청을 위해 필요한 건 증권 계좌입니다. 증권 계좌는 증권 앱을 다운로드 받아서 비대면 계좌 개설 기능을 통해 진행하거나 은행 앱에서 제휴 증권사 계좌 개설을 하면 되는데요. 카카오뱅크 앱 기준으로는 하단 전체 버튼을 선택 후 스크롤을 내려서 투자 메뉴의 '혜택 받고 주식계좌 만들기' 순서로 접속합니다. 증권사마다 신규 고객을 유치하기 주식 쿠폰을 주거나 아예 해외 주식을 지급하기도 합니다. 주식 거래 수수료 혜택까지 주기 때문에 무조건 신규 가입 혜택을 확인하고 증권 계좌를 개설하시길 바랍니다.

투자

■ 혜택 받고 주식계좌 만들기

 공모주 청약 정보 신규

 국내주식 투자

 해외주식 투자

🐷 약속한 수익 받기

🏠 홈   🎁 혜택   📋 상품   ••• 전체

✕   증권사 주식계좌 개설

카카오뱅크에서 간편하게
제휴 증권사 계좌를 개설하세요.

하나증권
주식계좌

· 개설축하혜택 **국내주식 쿠폰 2만원, 해외 소수점주식 1
  천원 상당**
· 매매수수료(국내) **1년 우대**
· 매매수수료(해외) **3개월 우대**

자세히보기

출처: 카카오뱅크

증권사 앱에서 신규 계좌를 개설하는 경우 20영업일 제한을 받게 되는데요. 은행 앱에서 증권사 연계로 진행하면 하루에 여러 개의 증권 계좌도 만들 수 있습니다. 금융회사마다 조건이 조금씩 다를 수 있다는 점은 고려해 주세요.

계좌 개설 후 공모주 청약일에 증권 앱에서 '공모주 청약' 메뉴를 찾아 들어갑니다. 증권사마다 앱 화면이 다르기 때문에, 메뉴를 찾기 어렵다면 증권 앱 내에서 검색창을 활용해 주세요. 아래 예시로 든 종목의 최소 청약주식 수는 10주이고 200,000원의 청약 증거금이 필요합니다. 균등 청약을 기대하는 경우에는 일반적으로 최소 수량으로 신청하면 됩니다.

< **공모주 청약** ⓘ	
청약신청	청약내역/취소
제닉스	증거금표
발행가	**40,000**
공모유형	코스닥시장IPO
청약방식	일괄청약
증거금율	**50.00%**
청약경쟁률	455.996 : 1
청약신청건수	**115,749**
청약기간	24/09/19 ~ 24/09/20
청약시간	10:00 - 16:00
상장예정일	24/09/30
청약신청	

청약신청 〉

재닉스 (일괄청약)
청약경쟁률 : 455.996 : 1
확대청약 가능주수 : 600주

수량선택

청약단위	청약주식수	청약증거금
10주	10	200,000원
	20	400,000원
	30	600,000원
	40	800,000원
	50	1,000,000원
	60	1,200,000원
	70	1,400,000원
	80	1,600,000원
	90	1,800,000원
	100	2,000,000원

출처: KB증권

저는 확률은 낮지만, 비례 청약으로 1주 배정을 도전하기 위해 600주, 1,200만 원을 청약 증거금으로 넣었습니다. 비례 청약을 위해 필요한 금액은 유튜브에서 종목명으로 검색 후 실시간 라이브를 진행하는 크리에이터의 경쟁률 정보를 참고하면 됩니다. 비례 청약까지 도전한다면 청약 종료일 오후 3시 이후 경쟁률을 확인 후 신청해주세요.

< 청약신청

제닉스

청약경쟁률 : 455.996 : 1

청약계좌	종합위탁
청약수량	**600 주**
청약증거금	**12,000,000 원**
청약수수료(후불) ⓘ	1,500 원

환불금은행이체/입고계좌 신청

＊미 신청시 청약계좌로 입금고 됩니다.
＊환불금 은행이체 신청 시 이체수수료 무료입니다.

환불금 은행이체 신청 ⓘ
◯ 신청   ◉ 미신청

배정주식/채권입고계좌 지정 ⓘ
◯ 신청   ◉ 미신청

✓

청약신청을 완료했습니다!

제닉스

접수번호
환불금입금증권계좌번호
배정주식 입고계좌번호
환불금입금 수익증권번호
환불금입금 이체신청계좌　　　　　　미소
배정주식입고 지정신청계좌　　　　　　미소

청약수량	**600**
청약 증거금	**12,000,000**
청약 수수료(후불)	**1,500**

청약내역조회	완료

출처: KB증권

처음부터 공모주 비례 청약에 도전하기보다는 우선 신규 가입 혜택을 많이 주는 증권사의 계좌를 개설한 후에 균등 청약부터 시작해 보시길 바랍니다. 공모주 투자는 예·적금만으로는 아쉬움을 느끼는 분에게 낮은 리스크로 투자를 시작하는 좋은 방법입니다. 파킹통장에 보관 중인 비상금 정도로도 당장 오늘부터 시작이 가능하답니다.

PART 05

내 집
마련을
위한 포석

독립해서 살 집을
찾아야 한다면?

자립할 나이가 되었음에도 독립하지 않고 부모에게 경제적으로 기대는 젊은 세대를 '캥거루족'이라고 해요. 물가 상승과 주거비 부담으로 캥거루족의 연령대도 높아지고 있는데요. 독립했다가 주거비 부담으로 다시 부모의 집으로 돌아가는 중년 캥거루족도 늘고 있습니다. 심지어 일본에서는 '패러사이트 싱글'이라는 용어가 있어요. 기생충이란 의미의 패러사이트와 독신을 의미하는 싱글을 합친 단어지요.

갑자기 캥거루족 이야기를 꺼낸 이유는 주거비 절약이 목돈 모으기에 큰 영향이 있기 때문이에요. 집 떠나면 고생이라는 말처럼 독립한 순간부터 예상치 못한 지출이 생깁니다. 식비는 기본이고 각종 관리비와 공과금도 직접 챙겨야 합니다. 최소한의 생활에 필요한 물건도 뭐가 그리 많은 지 이사 초반에는 생활용품점을 수시로 들락날락해야 하지요. 가사 업무에 대한 부담도 추가되는데요. 식사 준비뿐만 아니라 설거지, 청소, 빨래 등 집안일을 하다 보면 여가 시간도 순식간에 사라집니다.

그렇지만 부득이하게 자립해야 할 상황이 발생할 수 있어요. 저도 직장 때문에 어쩔 수 없이 자취를 시작하게 되었습니다. 집에서 회사에 가려면 버스를 타고 역까지 간 후에 다른 노선의 지하철을 3번이나 타야 했어요. 걸어서 이동하는 시간을 더하면 편도로 최소 1시간 30분이 걸렸습니다. 차량 배차시간을 고려하면 왕복 3시간 30분을 잡아야 했습니다. 회사 임원면접에서 '집이 먼데 야근을 할 일이 생기면 어떻게 할 것인가'라는 질문을 받았었는데요. 당시 합격만 시켜주면 회사 근처에 자취방을 구하겠다고 호기롭게 답변했습니다.

내가 원하는 집의 기준 정하기

드라마에서 본 자취의 로망과 현실의 간극은 엄청납니다. TV에 나오는 예쁘고 깔끔한 집은 가지고 있는 예산으로는 턱없이 부족할 가능성이 높아요. 본격적으로 집을 찾아보기 전에 내가 원하는 집의 우선순위를 정해보세요. 거주할 집의 지역부터 주거형태, 계약 방법, 채광, 외풍, 방음 등 체크할 항목이 매우 많은데요. 아쉽게도 모든 기준을 충족한 집을 찾기엔 우리의 지갑은 한정적입니다.

"
본격적으로 집을 찾아보기 전에
내가 원하는 집의 우선순위를 정해보세요.
"

처음 자취방을 구할 때의 최우선 항목은 저렴한 주거비였어요. 최대한 주거비 지출을 줄이고 싶었기 때문에 비싼 신축 건물은 포기해야 했습니다. 역이 가까울수록 집값이 비싼 건 당연한 이야기지요. 역과는 거리가 있더라도 자전거로 회사까지 10분 이내인 위치를 찾았습니다. 회사와 집이 너무 가까우면 회사 선·후배, 동료들이 방문하는 사랑방이 된다는 이야기도 들었기에 걸어가기엔 부담스러운 위치를 선택했어요.

지하, 반지하나 1층 보다는 2층 이상의 매물을 찾았습니다. 지하나 반지하 집은 습하고 곰팡이가 피기 쉬운 환경이라 제외했어요. 1층은 누군가 내가 살고 있는 공간을 들여다 볼 수도 있다는 느낌이 싫었습니다. 훔쳐 갈 건 없어도 보안도 신경이 쓰였고요. 그래서 엘리베이터가 없더라도 감수했습니다. 엘리베이터 없는 5층 원룸을 매일 오르내리는 건 예정에 없었지만, 운동 효과는 확실했어요. 역세권을 포기하더라도 조용한 동네의 집을 찾았고, 화장실에 창문이 없으면 집 전체가 습한 느낌이라

창문의 유무도 꽤 중요한 요소였습니다.

나만의 우선순위 정하기

1. 저렴한 주거비(신축 건물 포기)

2. 자전거로 10분 이내 거리(역세권 포기)

3. 2층 이상(엘리베이터가 없어도 감수)

4. 조용한 동네(역세권 포기)

5. 화장실 창문(곰팡이는 못 참아)

본격적인 매물 찾기

자금이 충분하지 않으니 포기할 건 포기하고 우선순위 항목을 챙기는 전략을 세워야 해요. 기준을 세웠다면 본격적으로 매물을 찾아봐야 하는데요. 포털사이트의 부동산 카테고리나 부동산 플랫폼에 올라온 매물 정보를 바탕으로 집의 종류부터 결정합니다.

다가구주택, 다세대주택, 고시원, 고시텔, 셰어하우스, 오피스텔, 소형 아파트 등 다양한 주거 형태 중에서 선택하면 되는데요. 보안을 중시한다면 오피스텔이나 소형 아파트를 먼저 고려해보세요. 단, 관리비 등 주거비용이 더 발생한다는 점도 함께 기억해야 합니다. 다음으로 가용한 자금을 고려해서 전세, 월세, 반전세 중 하나를 선택 후 원하는 지역의 시세를 파악해야 합니다. 부동산에서 보여주는 물건이 인근 시세와 비교해서 경쟁력이 있는지를 판단할 수 있어야 해요. 1순위로 원하는 지역에 매물이 없는 경우를 대비해서 플랜B로 정해둔 지역의 매물도 살펴보길 바라요.

실제 매물 살펴보기

마음에 드는 집이 나왔다면 부동산에 방문해서 매물을 직접 봐야 해요. 사진과 실제 집의 상태가 확연히 다른 매물도 많기 때문입니다. 내부 사진을 찍지 못했다는 사유로 신축 당시 사진을 올린 매물도 있고, 촬영한 사진을 보기 좋게 편집하는 경우도 있어요.

방문하기 전에 매물 확인을 위한 체크리스트를 준비해서 하나씩 확인을 하면 놓치는 부분 없이 다 확인할 수 있습니다. 혼자 방문하면 미처 놓치는 항목이 생길 수 있으니 누군가와 함께 방문하는 것도 좋은 방법이에요.

해가 잘 들어오는 지

싱크대, 화장실 샤워기 수압은 충분한지, 변기도 막히지 않을 정도로 물이 잘 내려가는 지

화장실이나 벽 구석에 곰팡이 흔적이 없는지

건물 입구에 별도의 잠금장치가 있는지

방음은 잘 되는지(층간 소음, 외부 소음, 바깥 소음)

벽에 외풍은 없는지

바퀴벌레 등 벌레는 없는지

에어컨, 세탁기, 냉장고 등 옵션에 문제가 없는지 등

집은 전체적으로 마음에 드는데, 일부 하자가 있다면 미리 이야기해야 합니다. 냉장고의 전원이 연결되어 있지 않길래 확인해보니 냉동이 제대로 안 될 수도 있고요. 세탁기에서 오류 메시지가 출력되면서 제대로 세탁이 안 되는 경우도 있습니다. 가구를 치워보니 곰팡이가 잔뜩 피어 있을 수도 있고요. 바람이 강하게 불면 현관문이 흔들리기도 합니다. 계약하기 전에 하자보수를 해주겠다는 약속을 받아 두어야 해요. 말로만 이야기를 듣는 건 안 되고요. 계약서에 명시를 하던가 적어도 문자 메시지를 통해 근거를 남겨둬야 탈이 없습니다. 가끔 하자보수를 해주

지 않는 경우도 있는데요. 집이 마음에 안 들면 다른 집 찾아보라는 거죠. 하자가 심하지 않으면 그냥 거주하는 방법도 있지만, 하자가 있는 부분을 사진 촬영을 하고 집주인에게 문자로 발송해서 이사 전부터 문제가 있었다는 기록을 남겨두세요. 간혹 나쁜 집주인들이 집을 망가뜨렸다면서 수리 비용을 청구할 수도 있기 때문입니다.

저는 이렇게 열심히 따진 후에 집을 잘 구했을까요? 100점짜리는 아니었지만 주변 시세보다 저렴하고 출퇴근도 편리한 위치에 집을 구해서 살았습니다. 집 주변은 조용했고 층간 소음도 없었지요. 곰팡이도 없어서 쾌적한 환경에서 거주했습니다. 엘리베이터가 없는 5층이라 배달 음식을 주문하기가 죄송했는데요. 그 집에 사는 동안은 배달 음식을 거의 주문한 적이 없습니다. 퇴근 후 한 번 자취방에 들어가면 웬만하면 다시 밖으로 나오지 않으려 노력했고요. 정수기가 없어서 생수를 사서 마셨는데, 2L 생수 6병 묶음을 들고 올라갈 때마다 다리가 후들거렸던 것 말고는 정말 괜찮았습니다.

가족에게 거주비 지원을 받을 수 있다면?

마음에 드는 매물을 찾았다면 본격적으로 자금을 마련해야 해요. 월세로 계약하는 경우는 상대적으로 쉽습니다. 임차보증금은 그동안 모은 돈을 활용하고 매월 월세는 월급으로 충당하면 되니까요. 하지만 통장의 잔고가 부족하다면 보증금을 빌릴 방법을 찾아야겠지요. 월세가 아닌 전세는 더 많은 보증금을 준비해야 하고요.

급여가 상대적으로 적은 사회초년생은 주거비를 최대한 줄여야 합니다. 주거비를 줄인다는 건 집을 고를 때 포기해야 하는 항목이 생긴다는 의미인데요. 처음에는 조금 불편함에 있더라도 경력과 실력을 쌓아서 소득을 늘린 후에 점차 더 좋은 주거 환경으로 이동하는 걸 권해드립니다. 그렇다고 제가 처음 살았던 셰어하우스처럼 에어컨도 없고 난방도 되지 않는 열악한 환경에 자신을 몰아넣을 필요까지는 없습니다.

주거비를 줄이려면 낮은 금리로 보증금을 빌릴 방법을 찾아야 해요. 부모님의 지원을 받을 여력이 된다면 가장 간단합니다. 성인이라면 부모님에게 10년간 5,000만 원까지 증여재산 공제가 됩니다. 10년에 5,000만 원 이하는 증여세가 없다는 의미지요. 하지만 부모님도 노후 준비를 하셔야 하는 만큼 증여 말고 차용증을 쓰고 빌리는 방법도 있어요.

"
급여가 상대적으로 적은 사회초년생은
주거비를 최대한 줄여야 합니다.
"

부모님에게 돈을 빌릴 때는 상속세 및 증여세법에서 허용하는 범위 내에서 진행해야 해요. 법 조항을 모두 이해하는 건 복잡하니 예를 들어 볼게요.

상속세 및 증여세법 시행령

제31조의4(금전 무상대출 등에 따른 이익의 계산방법 등)

① 법 제41조의4제1항 각 호 외의 부분 본문에서 "적정 이자율"이란 당좌대출이자율을 고려하여 기획재정부령으로 정하는 이자율을 말한다.

다만, 법인으로부터 대출받은 경우에는 「법인세법 시행령」 제89
조제3항에 따른 이자율을 적정 이자율로 본다. 〈개정 2014.2.21,
2016.2.5〉

② 법 제41조의4제1항 각 호 외의 부분 단서에서 "대통령령으로
정하는 기준금액"이란 1천만원을 말한다. 〈신설 2016.2.5〉

③ 법 제41조의4제1항에 따른 이익은 금전을 대출받은 날(여러 차
례 나누어 대부받은 경우에는 각각의 대출받은 날을 말한다)을 기
준으로 계산한다.

그렇다면 부모님에게 1억 원을 차용증을 쓰고 무이자로 빌릴
수 있을까요? 네, 가능합니다. 1억 원에 적정 이자율 4.6%를 계
산하면 연 460만 원입니다. 빌린 금액에 적정 이자율을 곱한 이
자가 1년에 1,000만 원 이하라면 세법상 문제가 없습니다.

단, 이자는 내지 않지만 매월 일정 금액 이상의 원금을 상환한
기록을 가지고 있어야 합니다. 증여가 아니라 차용(빌린 것)임
을 증빙하기 위해서지요. 현금 말고 매월 자신의 계좌에서 부모
님 명의 계좌로 원금을 이체해서 증거 자료를 모아두세요.

은행에서 전월세
대출을 받고 싶다면?

고금리 시기에는 대출 이자가 큰 부담이 되기 때문에 증여나 차
용에 대해 먼저 언급했는데요. 사실 부모님께 손을 벌리는 건
쉽지 않은 일이에요. 저도 처음에는 저렴한 월세로 거주하면서
돈을 모으고 전세로 갈아타는 전략을 사용했습니다. 은행 대출
을 받아야 한다면 낮은 금리로 전월세 자금을 빌려주는 주택도
시기금 등의 상품을 최우선으로 찾아봐야 해요. 조건이 맞아야
하지만 최저 1% 대의 금리로 대출을 받을 수 있다는 건 주거비
절약에 큰 도움이 됩니다.

거주하기 좋은 집을 찾았다고 바로 계약서 작성하신 건 아니시
겠지요? 대출 없이 보증금을 다 마련할 수 있는 상황이 아니라
면 신중하게 행동해야 해요. 계약 전에 대출 종류에 따라 필요
한 기본 서류를 준비해서 은행에 방문해야 해요. 1순위로 대출
이 가능한지, 2순위로는 대출이 얼마까지 가능한지를 확인한

후에 계약해야 문제가 없습니다. 계약서를 작성하고 계약금까지 납부했는데 대출이 나오지 않는 상황이 발생하면 큰일이니까요. 계약서 특약사항에 '대출 불가 시 계약금은 즉시 반환한다'라는 내용을 적기도 하는데요. 특약은 의무 조건이 아니기 때문에 사전에 협의가 필요하겠습니다. 은행에서 내가 원하는 한도로 대출이 가능하다고 하면, 추가로 준비해야 할 서류를 확인한 후에 계약을 진행하면 됩니다.

금리 상승기와 부동산 가격 하락 시기가 겹치면 전세보다는 월세 수요가 늘어납니다. 전세 사기나 깡통전세에 대한 우려 때문이지요. 하지만 저금리 기금 대출 자격조건이 되는데도 전세를 포기하는 건 쉽지 않습니다. 이 경우에는 전세가율이 70% 이하인 물건을 찾아보세요. 전세 보증보험 가입도 꼭 하시고요. 신축 빌라나 오피스텔은 매매가와 전세가의 차이가 거의 없는 경우도 있습니다. 매매가가 더 하락해서 전세가보다 낮아지는 상황도 발생할 수 있어요. 등기부등본 을구의 근저당 항목도 꼭 살펴봐야 해요. 근저당권은 집주인이 집을 담보로 대출을 받았는지를 말해줍니다. 만약 오피스텔 시세가 1억 원인데, 집주인이 7,000만 원의 대출을 받은 상태라면 전세로 들어가기에 위험하겠지요. 집에 문제가 생겨서 경매에 넘어가면 얼마에 낙찰될지 예상도 어렵습니다.

전세자금대출을
저렴하게 받는 방법

금리가 저렴한 기금 대출은 유형별로 소득, 자산 등의 조건을 충족해야 합니다. 이미 본인 명의 자산이 많거나 소득이 높은 경우에는 혜택을 받지 못할 수도 있어요. 낮은 금리 순서로 소개를 할 테니 대출 자격 조건을 확인해보세요. 전세 사기나 깡통전세는 조심 또 조심해야 하고요.

출처: 주택도시기금

중소기업취업청년 전월세보증금대출

중소·중견기업에 다니거나 기금이나 공단의 지원을 받는 청년 창업자라면 연 1.5% 초저금리 조건을 제공하는 중소기업취업 청년 전월세보증금대출을 1순위로 확인해야 해요. 대출한도는 최대 1억 원인데요. 최대한도인 1억 원을 대출받아도 1년 이자 가 150만 원이고, 한 달 이자는 고작 12만 5,000원입니다.

월세로 계약했다면 매달 40~50만 원 내야 했을 주거비 지출을 단 12만 5,000원으로 막을 수 있게 되는 거죠. 미혼인 경우 외 벌이 조건인 연 소득 3,500만 원 이하 조건을 충족하면 됩니다. 순자산 조건은 넉넉한 편이고 매년 조금씩 변동이 있다는 점은 기억해두세요.

중소기업취업청년 전월세보증금대출 조건

대출대상	· 부부합산 연 소득 5,000만 원 이하(외벌이 3,500만 원 이하) · 순자산 조건(2024년 기준 3억 4,500만 원 이하)을 충족하는 무주택 세대주(예비 세대주 포함) · 만 19세 이상 만 34세 이하 청년(군 복무 기간 만큼 자격 기간 연장, 최대 만 39세)
대출금리 / 한도	연 1.5% / 최대 1억 원 이내
대출기간	최초 2년(4회 연장, 최장 10년까지 가능)

대상주택	임차 전용면적 85㎡ 이하 주택 + 임차보증금 2억 원 이하

대출을 위한 주택은 임차 전용면적이 85㎡ 이하여야 하고, 보증금도 2억 원 이하 조건도 충족해야 해요. 조건이 까다롭지만 자격 조건만 된다면 무조건 활용해야 할 임차인 입장에서 최고의 상품입니다. 대출 신청은 온라인과 오프라인 모두 가능한데요. 기금e든든 홈페이지(https://enhuf.molit.go.kr) 또는 은행 영업점에서 진행하시면 돼요.

버팀목 전세자금대출

중소기업 취업청년대출 자격이 되지 않는다면 버팀목 전세자금대출 자격 조건을 확인해보세요. 버팀목 전세자금 대출은 일반형과 청년전용 버팀목 전세자금대출이 있습니다. 더 혜택이 좋은 청년전용 상품 자격부터 확인해보면 됩니다.

청년전용 버팀목 전세자금대출의 가장 큰 장점은 최저 연 2%의 낮은 금리와 최대 2억 원의 높은 한도입니다. 만 25세 미만 단독세대주는 1억 5,000만 원 이하로 한도가 낮아지지만, 여전히 좋은 조건이에요. 임차보증금 3억 주택까지도 선택할 수 있지만 임차보증금의 80% 이내로 대출이 가능하다는 점을 고려해서 2억 5,000만 원 이하의 주택을 고르는 게 가장 효율적이에요. 1년 미만 재직자는 대출 한도가 2,000만 원 이하로 제한될 수 있고, 연간 소득이 낮으면 원하는 만큼 대출이 다 나오지 않을 수도 있습니다.

청년전용 버팀목 전세자금대출 조건

대출대상	· 부부합산 연 소득 5,000만 원 이하 · 순자산 조건(2024년 기준 3억 4,500만 원 이하)을 충족하는 무주택 세대주(예비 세대주 포함) · 만 19세 이상 만 34세 이하 세대주(예비 세대주 포함)
대출금리	연 2.0~3.1%
대출한도	최대 2억 원 이내(임차보증금의 80% 이내)
대출기간	최초 2년(4회 연장, 최장 10년까지 가능)
대상주택	임차 전용면적 85㎡ 이하 주택 + 임차보증금 3억 원 이하

연소득에 따라 대출금리가 다르게 적용된다는 점과 추가로 우대금리 받을 수 있는 항목도 꼭 확인해서 진행해야 합니다. 만약 연소득이 3,500만 원이고 1억 원의 대출을 받은 경우 기본 2.3%의 금리를 적용하면 1년 이자는 230만 원이고요. 한 달에 약 19만 원의 이자만 내면 동일한 조건의 월세집보다 훨씬 여유롭게 지낼 수 있습니다.

연 소득	임차보증금 3억 원 이하
~ 2,000만 원	2.0%
2,000만 원 초과 4,000만 원 이하	2.3%
4,000만 원 초과 6,000만 원 이하	2.7%
6,000만 원 초과 7,500만 원 이하	3.1%

일반 버팀목 전세자금대출은 청년전용 상품과 달리 나이 조건이 없습니다. 2자녀 이상 가구라면 임차보증금과 대출한도도 늘어나기 때문에 주택도시기금 사이트에서 정확한 요건을 확인해보세요.

일반 버팀목 전세자금대출 조건

대출대상	· 부부합산 연 소득 5,000만 원 이하 · 순자산 조건(2024년 기준 3억 4,500만 원 이하)을 충족하는 무주택 세대주(예비 세대주 포함)
대출금리	연 2.3~3.3%
대출한도	수도권 1억 2,000만 원 이내, 수도권 외 8,000만 원 이내
대출기간	최초 2년(4회 연장, 최장 10년까지 가능)
대상주택	임차 전용면적 85㎡ 이하 주택

신혼부부전용 전세자금대출

혼인기간 7년 이내 신혼부부나 3개월 이내에 결혼 예정인 예비 신혼부부를 대상으로 한 신혼부부전용 전세자금대출 상품도 있습니다. 수도권 기준으로 임차보증금 상한이 4억 원으로 높은 편이고, 대출 한도도 최대 3억 원까지 가능합니다. 자녀 수에 따라 추가로 우대금리를 받을 수 있는 점도 장점이에요.

신혼부부전용 전세자금대출 조건

대출대상	· 부부합산 연 소득 7,500만 원 이하 · 순자산 조건(2024년 기준 3억 4,500만 원 이하)을 충족하는 무주택 세대주 · 신혼부부(혼인기간 7년 이내 또는 3개월 이내 결혼예정자)
대출금리	연 1.7~3.1%
대출한도	수도권 3억 원 이내, 수도권 외 2억 원 이내(임차보증금의 80% 이내)
대출기간	최초 2년(4회 연장, 최장 10년까지 가능)
대상주택	임차 전용면적 85㎡ 이하 주택 + 임차보증금 수도권 4억, 수도권 외 3억

소득이 높을수록 더 많은 한도의 대출을 받을 수 있는데요. 연소득의 약 3~4배 정도에 해당하는 한도로 대출이 가능해요. 만약 1억 5,000만 원을 연 2.1% 금리로 대출받은 경우, 1년 이자는 315만 원입니다. 매달 내야할 이자는 262,500원에 불과하지요.

기금 대출 금리와 한도 등의 조건은 변동될 수 있기 때문에 가입 시점의 최신 정보를 기준으로 다시 한번 확인해보세요. 절약한 주거비만큼 추가로 저축해서 목돈 1억 모으는 기간을 단축하시길 바라요. 기금 대출 조건이 되지 않는다면 일반 시중은행의 전세자금대출 상품을 알아봐야 하는데요. 고금리시기에는 반전세나 월세 조건과 비교해서 더 유리한 방향으로 선택하시길 바라요.

주택담보대출을 저렴하게 받는 방법

전월세 말고 내 집 마련해서 거주하고 싶은 분도 기금 대출을 활용할 수 있습니다. 일반 시중은행 주택담보대출보다 대출한 도도 더 많이 나오고 금리도 낮은데 선택하지 않을 이유가 없지요. 아무래도 처음 내 집 마련을 고민하는 시기는 결혼 준비 단계인데요. 예비 신혼부부 또는 신혼부부는 신혼부부전용 구입자금대출, 미혼이라면 내집마련 디딤돌대출 상품을 먼저 확인해보세요.

신혼부부전용 구입자금대출

혼인 기간 7년 이내 신혼부부 또는 3개월 이내 결혼 예정인 예비 신혼부부를 위한 기금 대출입니다. 소득, 자산, 신혼부부 조건과 생애 최초 주택구입 조건까지 충족해야 해요. 따시는 힝목이 많지만 자격 조건만 된다면 무조건 활용해야 할 상품 중 하나이지요. 조건이 까다롭다는 건 그만큼 혜택이 많다는 의미입니다. 대출 기간은 10년, 15년, 20년, 30년 중에서 선택이 가능한데요. 대출 기간이 짧을수록 금리가 낮습니다. 주택 구입자금대출은 전세자금대출과 다르게 매월 이자뿐만 아니라 원금도 상환해야 하는 만큼 대출 기간 설정이 중요해요. 기간을 너무 짧게 잡으면 그만큼 매월 납부할 원금 비중이 커지는 만큼 감당이 가능한 수준으로 진행해야 하지요.

신혼부부전용 구입자금대출 조건

대출대상	· 부부합산 연 소득 8,500만 원 이하 · 순자산가액(2024년 기준 4억 6,900만 원 이하)을 충족하는 무주택 세대주 · 신혼부부(혼인기간 7년 이내 또는 3개월 이내 결혼예정자) · 생애최초 주택구입자
대출금리	2.35~3.65%
대출한도	최대 4억 원 이내(LTV 80%, DTI 60% 이내)
대출기간	10년, 15년, 20년, 30년 (거치 1년 또는 비거치)
대상주택	주거 전용면적 85㎡ 이하 주택 + 담보주택 평가액 6억 원 이하 주택

기본 금리도 낮게 설정되어 있는데 여기에 우대금리까지 적용할 경우 부담은 더욱 줄어듭니다. 청약통장에 60회차 이상 납입을 하면 연 0.3%p 금리 우대 혜택이 있고, 그 외에도 자녀 수에 따라 우대금리가 정해지는 등 추가로 금리를 낮출 수 있습니다.

내집마련 디딤돌대출

생애 최초로 주택을 구입하는 신혼가구가 아니라면 일반 내집마련 디딤돌대출 조건을 확인해보세요. 가장 일반적인 조건은 부부합산 연 소득 6,000만 원 이하와 순자산가액을 충족해야 하고요.

생애최초 주택구입자와 2자녀이상 가구는 연 소득 7,000만 원이고, 신혼가구는 연 소득 8,500만 원 이하로 소득 조건이 완화됩니다.

대출한도는 일반은 2억 5,000만 원 이하, 생애최초 일반은 3억 원 이하 그리고 신혼가구 및 2자녀 이상 가구는 4억 원 이내입니다. 케이스별로 대출한도가 다르게 설정되는 만큼 좀 더 꼼꼼하게 살펴봐야 할 필요가 있어요.

내집마련 디딤돌대출 조건

대출대상	· 부부합산 연 소득 6,000만 원 이하(생애최초 주택구입자, 2자녀이상 가구는 연 소득 7,000만 원, 신혼가구는 연 소득 8,500만 원 이하) · 순자산가액(2024년 기준 4억 6,900만 원 이하)을 충족하는 무주택 세대주
대출금리	연 2.65~3.95%
대출한도	일반 2억 5,000만 원 이내
대출기간	10년, 15년, 20년, 30년 (거치 1년 또는 비거치)
대상주택	주거 전용면적 85㎡ 이하 주택 + 담보주택 평가액 5억 원 이하 주택(신혼가구, 2자녀 이상 가구는 6억 원 이하)

주택도시기금 사이트의 상품 유의사항에는 만 30세 이상의 미혼 단독 세대주의 대출 제한 항목이 있는데요. 주민등록등본 서류에 본인 이름만 세대주로 되어 있으면서(세대원 X), 가족관계증명서 서류에 배우자가 없는 사람을 의미해요. 더 쉽게 설명하면 서류상 혼자 사는 만 30세 이상의 미혼자입니다. 이 케이스에 해당하면 대상 주택의 평가액은 3억 원 이하여야 하고요. 대출한도는 1억 5,000만 원으로 줄어듭니다. 생애최초 주택구입이라면 2억 원까지 늘어나고요. 대상 주택의 크기도 주거전용면적 60㎡ 이하의 주택을 선택해야 합니다.

디딤돌대출 조건도 해당이 되지 않는다면 한국주택금융공사의 보금자리론 상품도 살펴보세요. 디딤돌대출 상품보다 조건이 덜 까다로운 대신 대출 금리는 좀 더 높은 편이지요. 일반 보금 자리론 대출 상품 말고도 특례 보금자리론처럼 한시적으로 판 매하는 대출 상품도 있으니 내 집 마련을 고민하는 시점에 최신 정보를 기준으로 혜택받을 수 있는 상품을 찾아보길 바랍니다.

월세 지원, 전세 이자 지원 등 정부 지원 사업을 놓치지 말자

청년이나 신혼부부는 낮은 금리로 대출받는 혜택 말고도 실질적인 주거비 지원을 받을 수 있습니다. 정부 정책에 따라 한시적으로 운영하는 제도도 있고, 꾸준히 운영하는 지원 사업도 있어요.

국토교통부에서 2022년 발표한 '청년월세 특별지원사업'이 대표적인 한시적 운영 제도인데요. 경제적 어려움을 겪는 청년들의 주거비 부담을 줄이기 위해 월 최대 20만 원씩 12개월 동안 지원해줍니다. 소득 조건이 까다롭기 때문에 이미 취업을 한 경우에는 대부분 대상이 아니겠지만 대학생이나 취업 준비를 하는 상황이라면 자가 진단을 통해 대상 여부를 확인해보세요.

지원대상	만 19~34세, 저소득 독립 청년
지원금액	월 최대 20만 원까지 12개월, 최대 240만 원 지원
소득요건	청년가구 중위소득 60% 이하 + 원가구(부모+청년) 중위소득 100% 이하

사업기간	지자체별 사업 시행 여부 확인 필요

신혼부부는 지자체별로 시행하는 '신혼부부 전세자금 대출이자 지원사업'을 확인해보세요. 무주택 청년의 전세자금 대출이자를 지원하는 곳도 있습니다. 거주하고 있는 시·도 홈페이지에 접속해서 관련 내용을 찾아보세요. 지자체마다 월세 지원 및 전세대출 이자 지원 기준은 조금씩 다르기 때문에 사업 공고문을 잘 살펴봐야 해요. 이해되지 않는 내용은 공고문에 적혀 있는 담당 직원에게 문의하면 됩니다.

신혼부부 전세자금 대출이자 지원사업 예시

소득기준	부부합산 연소득 9,700만 원 이하의 무주택자
주소기준	신청일 현재, 부부 모두 주민등록이 되어 있는 사람
신혼부부	신청일 기준, 혼인기간 7년 이내
대상주택	임차보증금 5억 원 이하의 임대주택
지원내용	전세자금 대출 잔액의 1% 지원(최대 100만 원) / 연 1회, 최대 5년간 지급

출처: 과천시청

청년 주거비 지원사업 예시

연령기준	만 19~39세 이하
소득기준	기준 중위소득 180% 이하
거주기준	주민등록상 주소지가 해당 시의 월세 주택

대상주택	임차보증금 1억 원 이하, 월세 60만 원 이하 주택 계약 거주자
지원내용	월 최대 16만 원 X 60개월(최대 960만 원)

출처: 남원시청

경쟁률이 높아서 지원받지 못할 수도 있습니다. 하지만 혜택이 있는지조차 몰라서 그냥 넘어가기에는 아까운 정부 지원, 지자체 지원 사업들이 많습니다. 어떤 청년 정책이 있는지 매일 검색해볼 필요는 없지만 꾸준히 진행하고 있는 사업은 매년 비슷한 시기에 공고가 나오는 만큼 알람을 해두고 직접 챙겨야 합니다. 누군가 떠먹여 주기만을 바라지 말고 직접 먹이를 찾는다는 마음가짐으로 접근해보세요. 그동안 낸 세금의 일부를 혜택의 형태로 돌려받는다고 생각하면 짜릿한 기분도 든답니다.

1억 모으기 성공 후 나에게 맞는 재테크 전략 찾기

목돈 1억 모으기 목표를 달성하고 나니 '이제 뭐 하지?'라는 질문이 머릿속에 떠올랐습니다. 돈을 모으려면 생각과 행동 패턴을 단순하게 가져가는 게 좋은데요. 1억이 모이기 전에는 다음 단계를 크게 생각하지 않으려고 노력했습니다. 괜히 망상 수준의 상상만 하면서 시간을 보내게 되더라고요. 목돈 1억으로 연 10% 수익을 내면, 72의 법칙에 따라 7.2년 후에는 2억이 될 거다. 그동안 놀고 있는 게 아니라 계속 일을 해서 월급을 받는다면 더 빨리 목표를 달성하는 게 가능하다 등 각종 시뮬레이션을 하면서 보내는 시간이 많아졌습니다.

모은 돈이 적은 상황에서는 0.1%p 금리를 더 받겠다고 며칠 동안 더 좋은 상품을 찾아 헤매기보다는 다른 일을 하는 게 낫습니다. 그냥 치킨 한 번 덜 먹는 게 이득이거든요. 하지만 1억 원은 생각보다 더 큰 돈이었어요. 금리 상승기에 특판 예금 붐이 일어나면서 6%대 예금 상품에 가입하니 더욱 실감이 났습니다. 소수점은 빼고 연 6% 정기예금에 가입 시 1년 세후 이자가 507

만 6,000원이나 됩니다. 12개월로 나누면 한 달에 423,000원
인데요. 주거비 부담만 없는 상황이면 제 소비 패턴으로는 원금
을 보전한 상태에서 생활이 가능한 수준이에요. 물가 상승률을
고려하면 가치는 조금씩 줄어들겠지만요.

목돈 1억 원, 가입 기간 1년, 6% 단리 조건으로 정기예금 가입

원금 합계: 100,000,000원

세전이자: 6,000,000원

이자과세(15.4%): 924,000원

세후 수령액: 105,076,000원

금리가 낮은 시기에는 상가 투자를 고민했어요. 경매로 낙찰받
거나 급매로 나오는 물건을 사겠다는 계획이었죠. 내 조건에 딱
맞는 물건이 나온다는 보장도 없고 변수도 많지만, 정기예금보
다는 높은 수익을 기대할 수 있었기 때문이에요. 시나리오대로
잘 진행되어 월 55만 원의 월세가 들어오면, 풍족하지는 않지만
내 생활비는 충분하겠다는 계산도 했었습니다. 당시 회사에서
휴가를 자유롭게 쓸 수 없는 환경이라 부동산 경매는 포기했는
데요. 코로나 시기 늘어났던 공실률을 생각하면 다행이라는 생
각도 들어요.

낙찰가격 3억 원

경락잔금대출: 70% 대출 시 2억 1,000만 원

보유자금: 9,000만 원

대출이자: 연 4% 가정하면 월 70만 원

상가월세: 낙찰가의 5% 가정하면 월 125만 원

월 수익금: 125만 원 − 70만 원 = 월 55만 원

현재 제 포트폴리오는 경기도 과천에 당첨된 아파트 입주자금 마련에 중점을 두고 있습니다. 새 아파트 입주 시점에 대출을 최소로 받고 다른 투자를 하고 싶기 때문이에요. 지금은 특판 예금이 가장 큰 비중을 차지하고 있고, 국내 펀드, 해외 펀드, 국내 주식, 미국 주식 등에도 분산 투자를 하고 있습니다. 그 외에도 공모주 투자를 통해 소소하게 수익을 내고 있고요. 아파트 계약금, 중도금, 잔금 시점에 맞춰서 자산을 모두 분배해 두었어요. 자금 조달에 문제가 생기지 않도록 위험자산 비중은 작게 가져가고 있습니다.

목돈 1억 모으기 목표 달성 후에는 단기 목표 외에 중기 목표도 계획해보시길 바라요. 제 경우에는 목돈을 바탕으로 내 집 마련하기였습니다. 열악한 환경에서 자취 생활을 해서 그런지 내 한 몸 편하게 누울 곳을 만들고 싶었습니다. 꼭 부동산일 필요는

없습니다. 부동산이든 주식이든 그 외 다른 투자처든 자신에게 맞는 방법을 찾으면 돼요.

목돈 1억 모으기는 단기간에 가능한 목표는 아니에요. 개개인의 상황에 따라 다르지만, 수년 동안 달려야 할 장기 프로젝트입니다. 당장 성과가 나오지 않는다고 일찍 포기하지 말고 작은 성취를 모아 큰 목표를 달성할 때까지 함께 했으면 합니다.

마지막으로 항상 응원해 주는 가족들과 같은 목표를 향해 함께 걸어주는 아내에게 감사의 인사를 전합니다.

출판사 부자의서재에 하고 싶은 말이 있다면

QR코드에 접속해주세요.

반드시 경청하여 더 좋은 책을 만들겠습니다.